W0289381

Birgit Altendeitering-Tiggemann · Heinz O. Wehmann

STORIES OF MENU

HISTORISCHE MARITIME SPEISEN NEU INTERPRETIERT

Koehler

Birgit Altendeitering-Tiggemann · Heinz O. Wehmann

STORIES OF MENU

HISTORISCHE MARITIME SPEISEN NEU INTERPRETIERT

Koehlers Verlagsgesellschaft · Hamburg

INHALT

DIE STORY

Seereisen waren schon immer auch kulinarische Entdeckungsreisen auf höchstem Niveau. Mich als Designerin faszinieren und inspirieren insbesondere die historische Reisekultur und die ästhetisch beeindruckenden Speise- und Programmkarten wie auch die Gestaltung der Anlässe.
Die vielfältigen Menüs mit passender musikalischer Begleitung und luxuriös gedeckten Tischen lassen erahnen, wie genussvoll die historische Küche zelebriert wurde.

Gemeinsames Essen bedeutet nicht nur kulinarischer Genuss, sondern auch inspirierende Gespräche, Ideenaustausch und perfekte Stunden mit seinen Gästen.
Bei einem gemeinsamen Essen mit Freunden ist auch die Idee zu diesem Buch entstanden. Dabei handelt es sich nicht ausschließlich um eine Ansammlung von über 40 Rezepten, denn die verschiedenen Menüs werden von Geschichten begleitet, und Tradition verbindet sich mit Moderne und Lifestyle. Speisen als Ausdruck des vollendeten Genusses, in einer schön dekorierten Umgebung, schlagen eine Brücke zur Pionierzeit der ersten Kreuzfahrten.

Die historischen, maritimen Menüs zu verschiedenen Anlässen werden von Heinz Otto Wehmann neu interpretiert und seine Rezeptkreationen ermöglichen es, die edlen Speisen auch zu Hause nachzukochen und zu genießen. Er verführt uns in das besondere Erlebnis, Tradition und Moderne zu vereinen.

Der Sternekoch gehört zu den ganz Großen der Deutschen Gourmetszene.
Als Chefkoch und Inhaber des »Landhaus Scherrer« an der Elbchaussee in Hamburg begeistert er mit fantasievollen Kreationen aus der traditionellen und modernen Küche. Unter anderem ist er mit einem Michelin-Stern und 16 Gault-Millau-Punkten ausgezeichnet.

Bei meinen Recherchen im Internationalen Maritimen Museum Hamburg konnte ich entdecken, wie sehr Manufakturen, wie die Königliche Porzellan-Manufaktur Berlin, die Silbermanufaktur Koch & Bergfeld und Glas-Manufakturen seit der ersten Kreuzfahrt in dieser Welt verankert sind. Wie selbstverständlich begleiten die Produkte dieser Unternehmen die Reisenden damals und heute oder zeichnen in Form von Pokalen und Trophäen große maritime Leistungen aus.
In diesem Buch begleiten uns solche Manufakturen ebenfalls auf unserer kulinarischen Reise und geben Anregungen und Ideen für die Gestaltung eines gelungenen Essens – ob für besondere Anlässe oder einfach für sich selbst.

Abschließend möchte ich allen Beteiligten für ihr großes Engagement danken.
Ganz besonderer Dank gilt dabei Professor Peter Tamm, dem Gründer und Stifter des Internationalen Maritimen Museums Hamburg und seinen wissenschaftlichen Mitarbeitern sowie den ehrenamtlichen Helfern. Das Internationale Maritime Museum präsentiert nicht nur eine Sammlung, sondern es ist ein lebendiges Museum, in dem Freunde der maritimen Welt immer neue, interessante Themen und Anregungen finden.
Die historischen Speisekarten, Dokumente und Exponate aus dem Museum waren eine weitere Inspiration zu diesem Buch und lassen Geschichte lebendig werden.

Ihre
Birgit Altendeitering-Tiggemann

DIE CREW VON

DER ELBCHAUSSEE

HEINZ OTTO WEHMANN
AN DER ELBE

Heinz Otto Wehmann, der in Nordrhein-Westfalen aufwuchs und dort seine Ausbildung zum Koch absolvierte, zog es schon früh nach Hamburg.

Nach fünf Jahren im Hotel Atlantic absolvierte er mit 25 Jahren als jüngster und bester Teilnehmer die Meisterprüfung und wurde daraufhin stellvertretender Küchenchef im Hotel Atlantic.
1980 wechselte er von der Alster an die Elbe ins »Landhaus Scherrer«, wo er als Küchenchef begann und sich der Herausforderung stellte, einen eigenen Stil zu prägen und hier mit seiner Handschrift Gerichte und Menüs zu kreieren.
Nach dem frühen Tod von Armin Scherrer übernahm Heinz O. Wehmann 1982 mit Emmi Scherrer das Landhaus und machte dieses über all die Jahre mit Kontinuität, hohem Qualitätsanspruch, Perfektion und großer Leidenschaft zu einer Top-Gourmetadresse.
Seine vielfach ausgezeichnete Sterneküche hält seit Jahren dieses Niveau und begeistert nationale und internationale Gäste mit einem vielfältigen Angebot.

DAS LANDHAUS SCHERRER

Das hätten die Fuhrleute um 1840 sicherlich nicht vermutet – ihre beliebte Schänke an Hamburgs berühmter Elbchaussee, in der sie so gerne einkehrten, präsentiert sich über 150 Jahre später als eine der kulinarischen Top-Adressen in Hamburg.

Vielleicht lud der Standort zum Verweilen ein, denn das Landhaus befand sich in der Nähe des Ottensener Schlagbaums, den es bis 1891 gab. In dieser Zeit war die heutige Elbchaussee noch ein holpriger Privatweg, der von den Anliegern auf eigene Kosten ausgebaut und unterhalten wurde. Ein extra gegründeter Wegebauverein war berechtigt, hier Zoll zu erheben.

1934 zog die Elbschlossbrauerei in das Landhaus und überließ verschiedenen Pächtern den Gaststättenbereich.
Armin und Emmi Scherrer eröffneten 1976 ein Restaurant, das sich schon nach kürzester Zeit durch hohe Qualität und Gastfreundschaft im hanseatischen Stil auszeichnete.
Seit 2013 ist Heinz Otto Wehmann alleiniger Inhaber und vertritt hier, unmittelbar an der Elbe, eine einzigartige norddeutsche Hochküche.
Ob im Gourmetrestaurant, im Bistro, im Ö1, im Weinkeller oder wo auch immer mit einem Catering zu Land, Wasser oder Luft verwöhnt die Scherrer-Crew ihre Gäste.

LANDHAUS

LANDHAUS SCHERRER
WEIN
GRAUBURGUNDER

KOCHEN
PASSION UND LEIDENSCHAFT

Respekt vor dem Produkt, die Liebe zum Detail und Leidenschaft für Innovation sind die Zutaten aus denen Heinz O. Wehmann seine einzigartigen Speisen kreiert. Ein kulinarischer Hochgenuss für seine Gäste.

Als Sternekoch der Spitzengastronomie legt er ganz besonderen Wert auf die Verwendung regionaler, saisonaler und nachhaltiger Produkte. Diesen Anspruch verfolgt er auch konsequent bei der Interpretation der historischen Speisen, die von der Unterelbe bis zum Äquator reichen.
Heinz O. Wehmann begeistert mit seinen biobasierten Kreationen und macht damit auf eine kontrollierte Haltung und Anpflanzung, auf fairen Handel, Nachhaltigkeit und höchste Qualität aufmerksam.
Das Landhaus Scherrer wurde durch ihn als erstes Haus der Hamburger Spitzengastronomie bio-zertifiziert.

Gern und unkompliziert gibt Heinz O. Wehmann einen Einblick in seine Küche.
Ob als Fernsehkoch, mit Gästen bei Kochevents oder als Lehrmeister vieler renommierter Köche – alle dürfen an seinen Erfahrungen teilhaben.

LEGEN

NDARY

INTERNATIONALES MARITIMES MUSEUM HAMBURG

Das IMMH ist eine Schatzkammer, die mit ihren Exponaten einen vielfältigen Einblick in die Geschichte der Seefahrt gibt, nämlich in die Beziehung von Mensch und Meer, die seit Tausenden von Jahren währt. Entsprechend viel gibt es zu erzählen.

Hier finden Sie Geschichten von Abenteurern, Handwerkern und Kartografen, von Technik, Seenot, Fischfang, Krieg und Frieden, vom harten Leben an Bord und von eleganten Kreuzfahrten. *(Zitat aus dem Museumsführer – IMMH)*

Die silberne Zuckerdose aus dieser Schatzkammer entstammt dem Tafelsilber der Staatsyacht »SMY Hohenzollern II« von Kaiser Wilhelm II und wurde um 1900 von Koch & Bergfeld gefertigt.

Kaispeicher B

Modell des Konvoischiffs »Wapen von Hamburg III« im Lichthof von Deck 2. Das 52-Kanonen-Schiff lief 1722 vom Stapel.

HAMBURGS MARITIMES HERZ – DAS TOR ZUM WELTKULTURERBE

3.000 JAHRE SCHIFFFAHRTSGESCHICHTE AUF NEUN AUSSTELLUNGSDECKS

Schon das Gebäude ist einen Besuch wert. An zwei Seiten von Wasser umgeben, ragt das zehn Stockwerke hohe Backsteingebäude beeindruckend über die Hamburger Speicherstadt.

Der Kaispeicher B, 1878/79 gebaut, ist der älteste noch betriebene Kaispeicher in der Hansestadt.

Wer das Museum betritt, bereist neue Horizonte. In dem ebenso behutsam wie aufwendig restaurierten Gebäude erzählen neun Ausstellungsdecks von Entdeckern und Eroberern, von Kapitänen, Seeleuten und Reisenden.
Basis des Museums ist die Sammlung von Professor Peter Tamm.
Seine weltweit größte maritime Privatsammlung wurde mit der Eröffnung des Museums 2008 der Öffentlichkeit zugänglich gemacht.

Raritäten von hoher Handwerkskunst – Schiffsmodelle aus Elfenbein

Marinemalerei – Werke aus über 400 Jahren Kunstgeschichte auf Deck 8

Für über 47.000 Miniaturmodelle, Tausende Gemälde, Grafiken, Aquarelle sowie viele weitere Dokumente und einmalige Exponate wurde ein modernes Museumskonzept entwickelt.
Vom hochmodernen Schiffssimulator bis hin zur umfassenden Bibliothek mit Schriftensammlungen seit den frühesten Anfängen im 17. Jahrhundert, findet hier jeder Besucher etwas für seinen Geschmack.
Das Ausstellungsdeck 6 widmet sich insbesondere dem Thema Handels- und Passagierschifffahrt. Schiffsmodelle, historische Reisedokumente, Gemälde, Tafeldekorationen und Schiffseinrichtungen geben einen Einblick in die Passagierschifffahrt von Beginn bis heute.
Gemälde aus fünf Jahrhunderten maritimer Kunstgeschichte und die Schatzkammer des Museums befinden sich auf Deck 8.
Hier werden Schiffsmodelle aus Gold, Silber, Bernstein und Knochen präsentiert, dazu das kaiserliche Porzellan aus der Königlichen Porzellan-Manufaktur Berlin sowie Tafelsilber und Exponate aus feinstem Glas.

oben: Die Fachleute in der
Modellbauwerkstatt auf Deck 1
bauen und restaurieren Modelle
und Museumsobjekte.

Mitte: Der Holzschiffbau auf Deck 3
veranschaulicht die Verwendung des
wertvollen Rohstoffs.

unten: Kreuzschifffahrt
vor dem weiten Horizont auf Deck 6

links oben: Schiffbau im Modell. Dekorative
Schauobjekte und wichtige Hilfsmittel bei
der Konstruktion befinden sich auf Deck 3.

links unten: Deck 1
Winkelmessinstrumente in der Mitmachstation.
Zur Bestimmung der geografischen Breite
nutzten die Seefahrer den Sextanten.

FESTTAFEL
AUS ANLASS DER
FEIERLICHEN ERÖFFNUNG
DES
NORD-OST-SEE-
KANALS
HOLTENAU 21·JUNI 1895

FEIERLICHE ERÖFFNUNG DES NORD-OST-SEE-KANALS

IN HOLTENAU, 21. JUNI 1895

EINES DER SPEKTAKULÄRSTEN FESTE IM DEUTSCHEN KAISERREICH

Der preußische Ministerpräsident Otto von Bismarck hegte bereits 1864 Pläne, einen Kanal zu bauen, der die Nord- und Ostsee verbindet.
Seine Zielsetzung war vorrangig militärisch-strategisch geprägt, denn zu Beginn des Deutsch-Dänischen Krieges sollten sämtliche Schiffe die Nord- und Ostsee ohne dänischen Kanonenbeschuss erreichen können.
Erst 19 Jahre später wurde durch Kaiser Wilhelm I die Prüfung für eine Umsetzung veranlasst und nach drei weiteren Jahren beschloss der Reichstag 1886 den Bau des Nord-Ostsee-Kanals.
Kaiser Wilhelm I legte 1887 in Kiel-Holtenau den Grundstein für eine der – bis heute – wichtigsten Kanal-Schifffahrtsstraßen der Welt.
Während der achtjährigen Bauphase bewegten bis zu 8.900 Arbeiter ca. 80 Millionen Kubikmeter Erdreich und erschufen einen Kanal von 98 km Länge, 67 m Breite und 9 m Tiefe.

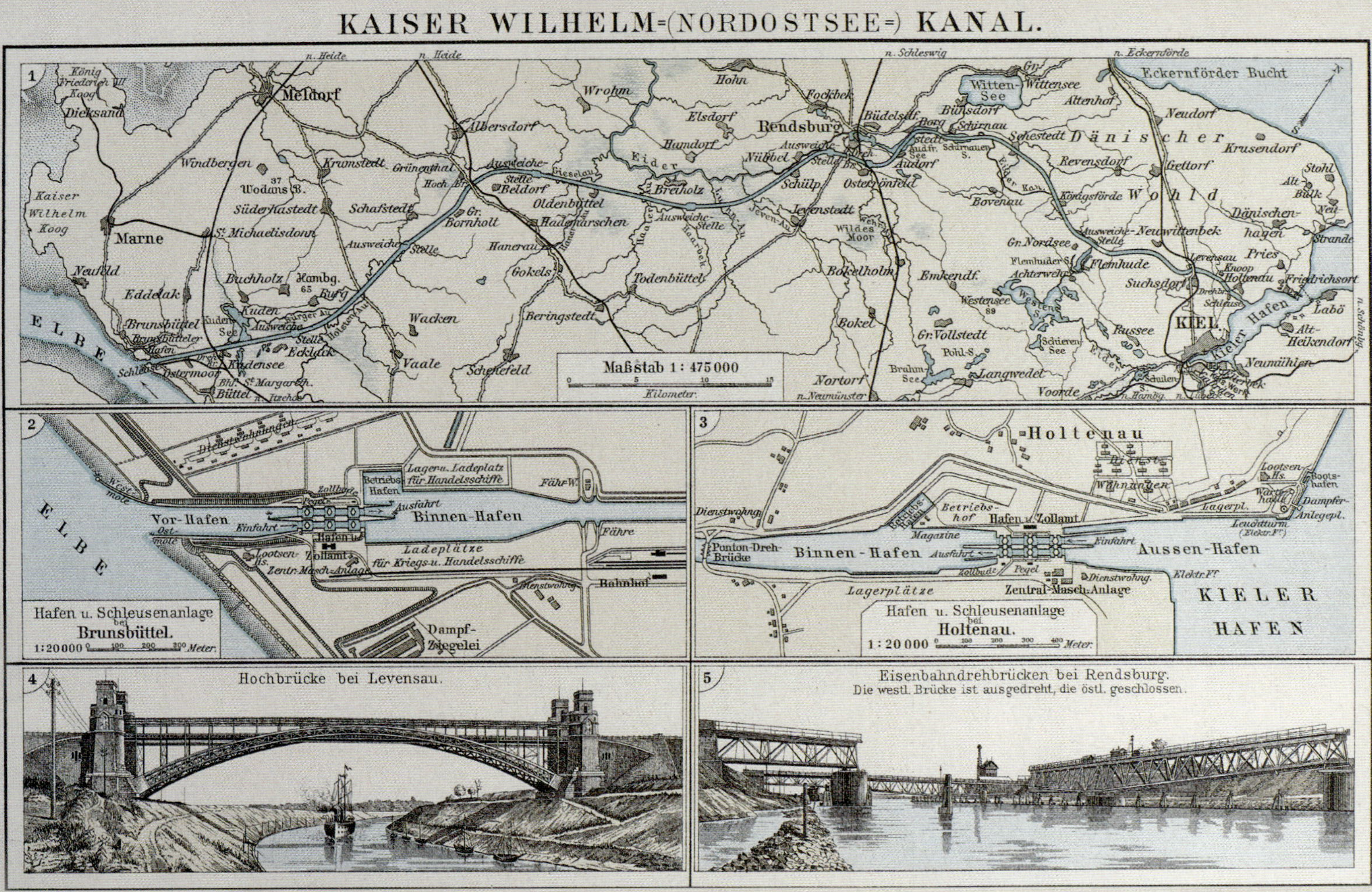

Am 21. Juni 1895 eröffnete Kaiser Wilhelm II die bis dahin Nord-Ost-See-Kanal benannte Wasserstraße mit einem spektakulären Fest.

Die Feierlichkeiten begannen bereits am 19. Juni in der Hansestadt Hamburg, wo der Bürgermeister Johannes C. E. Lehmann am Abend ein Eröffnungsmahl für rund 500 Gäste gab. Er empfing neben dem Kaiserpaar zahlreiche regierende Fürsten, Diplomaten und höchste Marineoffiziere seefahrender Nationen.
Auf der Alster wurde eine ungefähr 6000 qm große künstliche Insel errichtet, auf der Schausteller den Gästen ein buntes Programm boten.
Nach den Feierlichkeiten begaben sich die Gäste gegen Mitternacht auf die im Hamburger Hafen liegenden Schiffe, um die Reise nach Kiel anzutreten.
Das Kaiserpaar begab sich auf die »S.M. Yacht Hohenzollern« und führte den Schiffskonvoi in Richtung Brunsbüttel an. Während der Ausfahrt wurde zu Ehren des Kaisers und seiner Gäste das Elbufer von Hamburg bis Blankenese erleuchtet.
Um vier Uhr morgens erreichte die Hohenzollern, gefolgt von 23 Schiffen, die Schleuse bei Brunsbüttel und durchtrennte im Beisein der wohl gesamten Bevölkerung der Region das über den Kanal gespannte Band.
Nun war der Kanal offiziell für die Schifffahrt freigegeben und der Schiffskonvoi begab sich auf den Weg zur Schlusssteinlegung nach Kiel-Holtenau.
Die achteinhalbstündige Fahrt dorthin wurde von zahlreichen Zuschauern an den Ufern des Kanals begleitet und glich einem Volksfest.
Gegen Mittag erreichte der Schiffskonvoi Kiel und wurde dort von zahlreichen ausländischen Schiffen empfangen, sodass am Ende des Tages 106 Schiffe im Kieler Hafen vor Anker lagen.

Am darauf folgenden Vormittag des 21. Juni erfolgte die Schlusssteinlegung durch Kaiser Wilhelm II auf dem Festplatz in Holtenau.

Zur Überraschung aller Anwesenden taufte der Kaiser in dem überaus festlichen Akt die bis dahin Nord-Ost-See-Kanal benannte Verbindung auf den Namen Kaiser-Wilhelm-Kanal. Die bis zu diesem Zeitpunkt geheim gehaltene Entscheidung erfolgte zu Ehren seines Großvaters Kaiser Wilhelm I, der diesen Bau maßgeblich beeinflusst und den Grundstein hierfür gelegt hatte.

1948 erfolgte die Umbenennung in Nord-Ostsee-Kanal, wie er bereits in der Planungs-und Bauphase bezeichnet worden war.

Die Schlusssteinlegung war umrahmt von einem gewaltigen, prunkvollen Fest. Das Festgelände und die Schleusen waren mit unzähligen Girlanden, Fahnen und Blumen geschmückt. Auf dem Festplatz wurden, neben einem Kaiserzelt, Tribünen für 5.400 Gäste errichtet und am Abend wurden geladene Gäste zur »Festtafel aus Anlass der Feierlichen Eröffnung des Nord-Ost-See-Kanals« gebeten. Dieses Festessen fand in einer eigens für diesen Anlass erbauten Festhalle statt, die einen Nachbau der Fregatte »Niobe« darstellte und 1.080 Gästen des Kaisers Platz bot.

Der Nachbau der Fregatte »Niobe« diente als Festsaal.

Klare Hühnerbrühe	Pale Sherry
Heidelberger Forellen	1884. Marcobrunner Cabinet Auslese
Lendenbraten mit Périgord-Trüffeln	1888. Château Léoville Lascases 1890. Brauneberger
Rehschnittchen mit Oliven in Kruste	Veuve Clicquot Ponsardin England
Hummern auf Gloucester Art	
Brüsseler Geflügel, Römischer Salat	
Artischockenböden, überbacken Junge Schoten	1878. Château Rauzan Ségla

Gefrorenes

Chester-Stangen

Früchte

Nachtisch

E·D·D·J·95·

Consommé aux quenelles de volailles	*Pale Sherry*
Truites de Heidelberg, sauce vénétienne	*1884. Marcobrunner Cabinet Auslese*
Filet de bœuf aux truffes du Périgord	*1888. Château Léoville Lascases, grand vin* *1890. Brauneberger*
Escalopes de chevreuil à la Royale	*Veuve Clicquot Ponsardin England*
Mousse de homards, sauce Gloucester	
Poulardes rôties — salade romaine	
Fonds d'artichauts au gratin Petits pois à l'anglaise	*1878. Château Rauzan Ségla, grand vin*

Glaces

Paillettes au chester

Fruits

Dessert

E·D·O·J·95.

KLARE HÜHNERBRÜHE
MIT EIERSTICH UND KRÄUTERN

Geflügelteile abwaschen, abtropfen und in einen hohen, schlanken Topf geben. Mit kaltem Wasser auffüllen, bis die Geflügelteile gerade bedeckt sind.

Aufkochen lassen und den Schaum mit einer Saucenkelle oder Schaumkelle abschöpfen. Erst danach mit 10 g Salz pro Liter würzen.

Bei milder Hitze köcheln lassen.

Bei einem Suppenhuhn nach ca. 40 bis 50 Minuten, bei Poulardenkeulen oder Geflügelkarkassen nach ca. 15 min das Bouquet garni zugeben.

Dafür das Gemüse schälen bzw. putzen, waschen und grob würfeln.

Das Bouquet garni, Kräuter und Gewürze zugeben und die Brühe nochmals abschäumen.

Alles am Siedepunkt weitere 30 min köcheln lassen und zwischendurch immer wieder Fett und Schaum abschöpfen.

Den Fond durch ein feines Sieb mit einem Mulltuch in einen weiteren Topf gießen und nochmals abschmecken.

TIPP: *Einen kleinen Teil des Geflügelfetts zurückhalten. Dieses wird zum Schluss auf die Hühnersuppe gegeben.*

Das Fleisch kann noch ausgelöst und abgesucht werden, um einen Salat oder ein kleines Ragout zu kochen. Das Gemüse des Bouquets garni kann auch noch für einen Gemüsesalat verwendet werden.

Eier mit den Gewürzen, Milch und Sahne vermengen. In einen Schlauch (Kunstdarm) oder in eine Terrinenform geben und kurz ruhen lassen, damit sich die Blasen oben absetzen können. Bei Verwendung einer Terrinenform, diese mit Klarsichtfolie abdecken. Die Eiermasse im Wasserbad bei ca. 85°C 45 bis 50 Minuten garen. Auskühlen lassen, die Masse aus der Form lösen und in eine gewünschte Form schneiden (Würfel, Blumenausstecher, Scheiben mit Buntmesser schneiden).

ANRICHTEN:
Mit Eierstich, etwas Geflügelfett und Kräutern servieren.

REZEPT FÜR 4 PERSONEN

1,5 kg Suppenhuhn
oder Poulardenkeulen
oder Geflügelkarkassen
Salz

340 G BOUQUET GARNI
60 g Zwiebel
90 g Möhren
90 g Sellerie
80 g Lauch
20 g Petersilienwurzel

etwas Lorbeer
Pfefferkörner
Kerbelstiele (Petersilienstiele)

EIERSTICH
2 Bio-Eier Gr. M
50 g Bio-Vollmilch
60 g Bio-Sahne
Muskatnuss
Salz
Pfeffer aus der Mühle

GARNITUR
Petersilie oder Kerbel

FORELLE »BLAU«
MIT GEMÜSESTERNEN, HAMBURGER SENFBUTTER UND BUNTEM BLUMENKOHL

Die Forellen ausnehmen und innen mit Wasser ausspülen.

Für die gebogene Form die Forellen vorsichtig mit einem Bindfaden am Maul und Schwanzende zusammenbinden.

Schalotten schälen und mit Nelken spicken.

Die Möhren, den Sellerie und Lauch putzen und waschen, in verschiedene dekorative Stücke schneiden und beiseite stellen.

Wasser und Weißweinessig mit Salz, Gemüseabschnitten, Petersilienstielen, gespickten Schalotten, Lorbeerblättern und Pfefferkörnern aufkochen.

Den Fond 5 Minuten ziehen lassen. Dann die vorbereiteten Forellen bei 75° C bis 80° C hineingeben und bei dieser Temperatur ca. 7 bis 9 Minuten auf den Punkt garen.

Das beiseite gestellte Gemüse mit Butter und ein klein wenig vom Forellenkochsud kurz in einem Schwenktopf garen.

Die Blumenkohlröschen extra in Wasser kurz garen und anschließend alles mit Salz und gemahlenem Pfeffer abschmecken.

TIPP: *Damit die Forellen richtig blau werden, ist es wichtig, dass die Haut nicht durch ein Tuch oder auf einem Schneidebrett verletzt wird. Am besten auf einem Blech mit Flüssigkeit verarbeiten.*

Den Wasabimeerrettich mit etwas Flüssigkeit anrühren und in kleine Kugeln formen.

TIPP: *Den Wasabimeerrettich mit Klarsichtfolie bis zum Servieren verschließen, damit das Aroma nicht verfliegt.*

Die Butter in einer Pfanne leicht braun werden lassen. Die Senfmischung zugeben und anrösten.

Die Senfbutter sollte noch schäumen, wenn sie an den Fisch gegeben wird.

ANRICHTEN:
Die gegarten Forellen aus dem Sud nehmen, abtropfen lassen und auf Tellern anrichten. Die Gemüsesterne und bunte Blumenkohlröschen platzieren und mit der Hamburger Senfbutter beträufeln. Mit Schnittlauchkresse und Wasabikugeln garnieren.

TIPP: *Wenn kein Wasabimeerrettich zur Verfügung steht, frischen geriebenen Meerrettich verwenden.*

REZEPT FÜR 4 PERSONEN

FORELLE UND GEMÜSE

4 Bio-Forellen à 500 bis 600 g
ca. 2,5 l Wasser
150 ml Weißweinessig
25 g Salz
2 bis 3 Petersilienstiele
2 Schalotten
2 Lorbeerblätter
4 Nelken
2 g Pfefferkörner

250 g Bio-Möhren
250 g Bio-Sellerie
250 g junger Bio-Lauch
240 g Blumenkohl
(Blauer, grüner, weißer – oder nur eine oder 2 Sorten)

HAMBURGER SENFBUTTER

100 g Bio-Butter
65 g Pommery Senfmischung

1 Lage Schnittlauchkresse

GARNITUR

5 g Wasabimeerrettich
oder 80 g frische Meerrettichwurzel

HOLSTEINER REHSCHNITTCHEN
IN OLIVENKRUSTE MIT PFIFFERLINGEN UND STAMPF VON DER ROTEN EMMALIE

Wacholderbeeren in die Butter geben, kurz miterhitzen und anschließend das Rehrückenfilet darin von beiden Seiten ca. 4 Minuten leicht rosa braten. Danach aus der Pfanne nehmen und ruhen lassen. Den geriebenen Brioche mit den geschnittenen Oliven vermengen, auf die Rehschnittchen verteilen, mit etwas Butter beträufeln und unter dem Ofengrill mit Oberhitze gratinieren.

Die Wildknochen einmal im heißen Wasser überwallen, dann abschütten und auf einem Backblech im Ofen anrösten. Anschließend die Knochen in einem Topf mit Speck anbraten, das Röstgemüse hinzugeben und mit Tomatenmark anrösten. Mit etwas Wein ablöschen.

Das Kräutersäckchen hinzugeben und in kurzen Abständen immer wieder mit Weißwein ablöschen. Das Ganze in einen schlanken hohen Topf geben (damit so wenig Flüssigkeit wie möglich benötigt wird) und mit Wasser auffüllen. Ca. 4 bis 5 Stunden mild köcheln lassen.

Den Fond durch ein Passiertuch gießen, auf 50 ml reduzieren lassen und mit 100 ml Sahne verkochen. Kurz vor dem Servieren 50 bis 100 ml geschlagene Sahne zugeben, damit die Sauce etwas marmoriert ist.

Die Pfifferlinge vom Stiel her putzen und abpinseln. Schalotten pellen und in feine Würfel schneiden. Die Butter in einer Pfanne erhitzen. Die geputzten Pfifferlinge hineingeben, mit Salz und Pfeffer würzen und gut anbraten. Wenn die Pfifferlinge kross und gar sind, die Schalottenwürfel zugeben und kurz mitgaren. Zum Schluss den geschnittenen Schnittlauch zugeben.

Speck in feine Würfel schneiden. Zwiebeln schälen und ebenfalls in feine Würfel schneiden. Speck mit etwas Bio-Butter in einer Pfanne krossen, dann die Zwiebelwürfel zugeben und mitgaren.

Die Pellkartoffeln gar kochen, pellen und in einen flachen Topf geben. Warme Bio-Butter aufgießen und mit einem Kartoffelstampfer zerdrücken. Danach 60 ml Milch unterrühren und mit Muskatnuss abschmecken.

Glatte Petersilie putzen und waschen.

12 glatte Petersilien-Bouquets zupfen und für das Anrichten beiseite legen. Den restlichen Teil mittelfein hacken und unter den Stampf geben.

Speck-Zwiebelbutter über den Emmaliestampf geben.

ANRICHTEN:
Die gebratenen Pfifferlinge auf die Teller verteilen.
Die Rehschnittchen schräg in zwei Hälften schneiden.
Mit dem Stampf von der roten Emmalie anrichten und mit der Wildsauce beträufeln.
Dekoration mit der Garnitur.

REZEPT FÜR 4 PERSONEN

REHRÜCKENFILET
440 g Rehrückenfilet
30 g Brioche
oder gehacktes Weißbrot
30 g schwarze Oliven
30 g Bio-Butter
4 Wacholderbeeren
Salz
Pfeffer aus der Mühle

WILDSAUCE
500 g Wildknochen
50 g Speck
50 g Röstgemüse (Möhre, Sellerieknolle, Lauch, Petersilienwurzel in kleinen Würfeln)
1 TL Tomatenmark
100 ml Weißwein
150 ml Bio-Sahne
Kräutersäckchen:
4 Wacholderbeeren
1 kleiner Zweig Rosmarin
3 Lorbeerblätter
8 Pfefferkörner

PFIFFERLINGE
600 g Pfifferlinge
oder Steinpilze, Egerlinge
50 g Bio-Butter
80 g Schalotten
10 g Schnittlauch

STAMPF VON ROTER EMMALIE
60 g magerer Speck
60 g Zwiebeln
1 Bund glatte Petersilie
200 g rote Bio-Emmalie-Kartoffeln
2 EL Bio-Butter
60 ml Bio-Vollmilch
1 Msp. Muskatnuss

GARNITUR
Scharfgabe
Nelkenblätter
Glatte Petersilie
Oder:
Schnittlauchspitzen
Majoran-Bouquets

GRATINIERTE BEERENFRÜCHTE
MIT QUARKCRÈME AUS DER WILSTER MARSCH

Die Beerenfrüchte putzen, waschen und abtropfen lassen. Anschließend mit Puderzucker und Mandelsirup ca. 5 Minuten marinieren.

Eigelbe mit Zucker und Vanillemark schaumig schlagen.

Den Quark unter die Eimasse rühren, mit Limettensaft und geriebener Limettenschale abschmecken.

Eiweiß mit Zucker aufschlagen und unter die Ei-Quarkmasse geben.

Die Schokoladengitter können gut zu vielen Süßspeisen gereicht werden.

TIPP: *Anstatt geriebener Limette kann auch eine Orange oder Zitrone verwendet werden.*

ANRICHTEN:
Marinierte Beerenfrüchte auf die Teller verteilen.
Die Quarkcrème mit einem Spritzbeutel auf die Beerenfrüchte verteilen und unter dem Ofengrill mit Oberhitze gratinieren.

TIPP: *Statt Ofengrill kann auch ein Flambierbrenner verwendet werden.*

Schokoladengitter im Wasserbad schmelzen und in eine feine Spritztülle oder einen Gefrierbeutel füllen, an dem die Spitze abgeschnitten wird.
Gitter in ein Kakaobett gießen und trocknen lassen.
Die Schokoladengitter können luftdicht aufbewahrt werden.

REZEPT FÜR 4 PERSONEN

BEERENFRÜCHTE
400 g gemischte Beerenfrüchte
Himbeeren
Brombeeren
Bickbeeren
Stachelbeeren (grün und rot)
Johannisbeeren
20 g Puderzucker
20 g Mandelsirup

GRATINIERMASSE
2 Bio-Eier Gr. M
30 g Zucker
90 g Quark, Fettstufe 40 %
1/2 Vanilleschote
1/2 Bio-Limette

2 Eiweiß
30 g Zucker

GARNITUR
4 Schokoladengitter

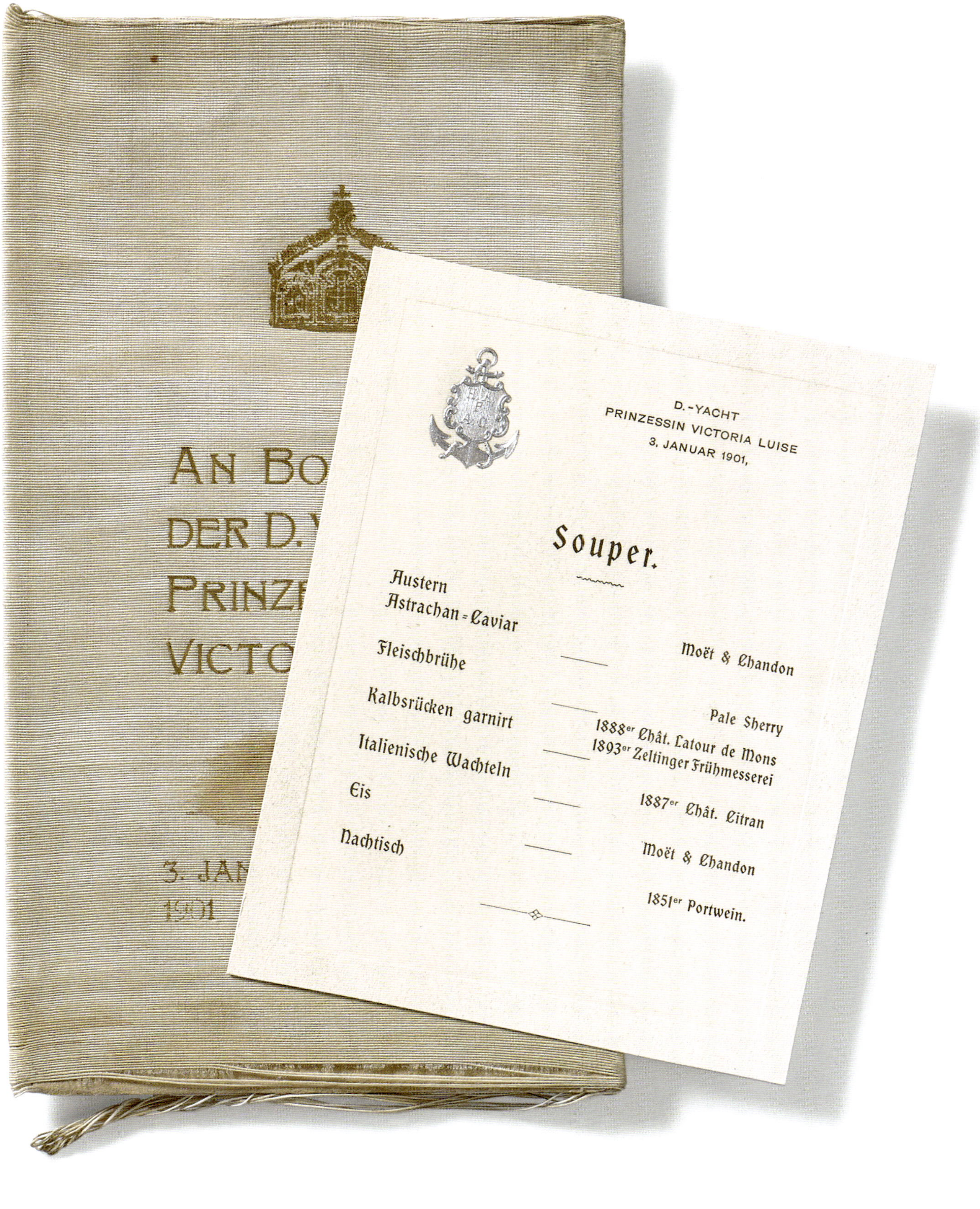
D.-YACHT
PRINZESSIN VICTORIA LUISE
3. JANUAR 1901,
Souper.
Austern
Astrachan-Caviar
Fleischbrühe
Moët & Chandon
Kalbsrücken garnirt
Pale Sherry
1888er Chât. Latour de Mons
Italienische Wachteln
1893er Zeltinger Frühmesserei
Eis
1887er Chât. Citran
Nachtisch
Moët & Chandon
1851er Portwein.

JUNGFERNREISE DER YACHT »PRINZESSIN VICTORIA LUISE«
VON HAMBURG NACH NEW YORK, 3. JANUAR 1901

DER BEGINN VON LUXUSKREUZFAHRTEN

Die Hamburg-Amerikanische Packetfahrt-Actien-Gesellschaft (HAPAG) war ab 1891 einer der ersten Anbieter von Vergnügungsreisen.
Bis zu diesem Zeitpunkt wurden die Schiffe ausschließlich zur Überquerung des Nordatlantiks genutzt, um Passagiere und Fracht zu befördern.
In den Wintermonaten ließ die Nachfrage hierfür deutlich nach und man sah sich veranlasst, etwas zu unternehmen.
Albert Ballin, zu dieser Zeit Leiter des Passagiergeschäfts, hatte die grundlegende Idee für das zukünftige Kreuzfahrtgeschäft. Für eine bessere Auslastung der Schiffe veranstaltete er im Januar 1891 die erste Mittelmeerkreuzfahrt mit dem Passagierdampfer »Augusta Victoria«.
Auf dieser und den folgenden Fahrten wurde den Gästen sowohl an Bord als auch in den zahlreich angelaufenen Häfen ein von HAPAG organisiertes Vergnügungs- und Ausflugsprogramm geboten.
Der Erfolg dieser neuen Art zu reisen, veranlasste Albert Ballin 1898, mittlerweile Generaldirektor der HAPAG, zum Bau der »Prinzessin Victoria Luise« bei Blohm & Voss in Hamburg.

Im Dezember 1900 wurde die »Prinzessin Victoria Luise« fertig gestellt und präsentierte sich im Gegensatz zu den bisher eingesetzten Passagierschiffen als erste reine Luxus-Vergnügungsyacht. Das weiß gestrichene, außen und innen prachtvoll dekorierte Schiff, wurde nach der einzigen Tochter des Deutschen Kaisers benannt und bot den Gästen alle erdenklichen Annehmlichkeiten an Bord. Sämtliche Decks waren zugänglich, 120 luxuriöse Kabinen bestanden je aus einem Wohn- und einem Schlafraum sowie einem eigenen Bad mit Toilette. Zur Unterhaltung wurden neben den Vergnügungsprogrammen prunkvolle Aufenthaltsräume, ein Fitnessraum, eine Bibliothek und eine Dunkelkammer für Fotoarbeiten geboten, die einen mehrwöchigen Aufenthalt äußerst angenehm machten.

Am 3. Januar 1901 trat die »Prinzessin Victoria Luise« ihre Jungfernfahrt von Hamburg über Boulogne-sur-Mer und Plymouth nach New York an. Zur Einstimmung begann die Reise mit einem festlichen Abendessen.

oben: Der großzügig offen gestaltete Speisesaal der »Prinzessin Victoria Luise«

links: Das prunkvoll dekorierte Heck der »Prinzessin Victoria Luise«

rechts: Eigens gestaltete Korken präsentieren den Luxus im Detail

EN 183
H.A.L.
"PRINZESS VICTORIA LUISE"

FRISCHE AUSTERN
MIT EINER HIMBEER-VINAIGRETTE

Die Austern öffnen und von der Schale lösen.

Auf grobem Salz gerade anrichten, damit die Austernflüssigkeit nicht ausläuft.

Die Schalotten schälen und in feine Würfel schneiden.
Den Kerbel waschen, abtropfen, zupfen und fein schneiden.

Die Fleischtomate blanchieren⚓ und abziehen, dann vierteln, entkernen und in 5 mm große Würfel schneiden.

Den Himbeeressig, den weißen Crèma di Balsamico-Essig, die Schalottenwürfel und das Olivenöl zu einer Vinaigrette vermengen.

Kurz vor dem Servieren den geschnittenen Kerbel und die Tomatenwürfel zugeben.

Die Queller Algen ganz kurz in heißem Wasser blanchieren⚓ und abkühlen lassen.

ANRICHTEN:
Die angerichteten Austern mit den Algen garnieren.
Die Himbeer-Vinaigrette extra servieren.

Rezept für 4 Personen

AUSTERN
24 Stück Austern
Gillardeau
Sylter Royal
Irische Maldon
oder
Wilde Arcachon-Auster
Fine de Claire
Belon

HIMBEER-VINAIGRETTE
20 g Himbeeressig
15 g Crèma di Balsamico-Essig
60 g Bio-Olivenöl
2 kleine Schalotten
1/8 Bund Kerbel
1 Roma Fleischtomate

GARNITUR
Queller Algen, Passepierre Algen
oder
eingelegter Algenmix
grobes Meersalz

Von oben nach unten:
Gillardeau-Austern,
Sylter Royal,
Irische Maldon Austern

IMPERIAL
CAVIAR

KAVIAR OSSIETRA »KLASSISCH«
MIT EI, SCHALOTTEN, ZITRONE UND SCHMAND

REZEPT FÜR 4 PERSONEN

OSSIETRA-KAVIAR
250 g Ossietra-Kaviar
4 Bio-Eier Gr. L
2 mittelgroße Schalotten
160 g Bio-Schmand oder Crème Fraîche
2 Bio-Zitronen

Die Schalotten schälen und in sehr feine Würfel schneiden. Zitronen kurz abbrausen und abtrocknen. Dann in Spalten schneiden.

Die Eier ca. 10 bis 11 Minuten hart kochen, abschrecken, auskühlen lassen und pellen.

Das Eiweiß vom Eigelb trennen und beides separat auf einem Schneidebrett mit Pergaminpapier fein hacken.

TIPP: *Bei der Verwendung von Pergaminpapier nehmen die Eier keinen Geschmack an.*

Als schnellere Variante: Eiweiß und Eigelb getrennt durch ein grobes Sieb streichen.

ANRICHTEN:
Den Kaviar in der Originaldose auf crushed Eis anrichten und mit Zitronenspalten garnieren.
Die Schalottenwürfel, das gehackte Eigelb und Eiweiß sowie den Schmand extra anrichten.

ITALIENISCHE WACHTELN
MIT ENDIVIENGEMÜSE UND MOSTO-COTTO-OLIVENSAUCE

Die Wachtel hohl ausbeinen.
Geflügelfarce: kalte Geflügelfleischwürfel salzen und im Cutter mit der Sahne nach und nach cuttern⚓.
Anschließend Geflügelfarce oder Kalbfleischfarce mit den gehackten Pistazien vermengen und abschmecken.
Die ausgelösten Wachteln mit Salz und Pfeffer würzen und auf die Brustseite legen. Jeweils mit 35 g Farce füllen und die Rückenteile über die Farce legen.
Die Pergaminblätter in der Mitte ausbuttern, mit Salz und Pfeffer bestreuen.
Die Wachtel in Form bringen, mit der Rückseite auf das Papier legen und oberhalb der Brustseite das Pergaminpapier schließen.
Die Papierenden unter die Wachtel falten.
Im vorgeheizten Ofen bei 210° C auf einem Backblech ca. 14 bis 15 Minuten auf den Punkt braten. Dann 5 Minuten ruhen lassen.
Aus dem Pergaminpapier nehmen und den im Pergamin gesammelten Fond für die Mosto-Cotto-Olivensauce zurückhalten.

Die Endivienköpfe waschen, vierteln und vom Strunk befreien.
Dann das Endiviengemüse in viel kochendem Salzwasser ganz gar kochen und schnell in Eiswasser abkühlen.
Das Endiviengemüse aus dem Eiswasser nehmen und ausdrücken.
Danach fein hacken oder eine größere Menge durch den Fleischwolf drehen.
Die Schalotten schälen und in feine Würfel schneiden. Den Knoblauch pellen und fein hacken. Die Butter in einer Sauteuse⚓ zerlaufen lassen, die Schalottenwürfel und den Knoblauch anschwitzen.
Die zerkleinerten Endivien zugeben und anschwitzen.
Mit Salz, Muskatnuss und Pfeffer abschmecken.

TIPP: *Endiviengemüse ganz gar blanchieren, damit es die grüne Farbe behält.*

Die Schalotte schälen und fein würfeln. Die schwarzen Oliven längs halbieren. Die Schalottenwürfel in Butter anschwitzen und mit dem Portwein ablöschen. Den Portwein solange reduzieren, bis dieser sirupartig wird. Dann die Wachteljus zugeben und auch diese um zwei Drittel reduzieren lassen. Zum Schluss den Mosto Cotto hinzufügen und mit etwas Essig abschmecken. Vor dem Servieren die geschnittenen schwarzen Oliven an die Sauce geben.

ANRICHTEN:
Das Endiviengemüse auf die vorgewärmten Teller verteilen.
Die gefüllten Wachteln darauf arrangieren und mit der Mosto-Cotto-Olivensauce anrichten.
Mit Rote-Bete-Sprossen garnieren.

REZEPT FÜR 4 PERSONEN

ITALIENISCHE WACHTELN
4 Stück große Wachteln
20 g Bio-Butter
140 g Geflügelfarce oder Kalbfleischbrät
10 g Pistazien
4 Blätter Pergamin (25 x 30 cm) alternativ: Backpapier
Salz
Pfeffer aus der Mühle

GEFLÜGELFARCE
100 g Hähnchenbrust
100 g Bio-Sahne
1 Prise Salz

ENDIVIENGEMÜSE
2 mittlere Bio-Endivienköpfe
40 g Bio-Butter
4 mittlere Schalotten
2 Knoblauchzehen
Salz
Muskatnuss
Pfeffer aus der Mühle

MOSTO-COTTO-OLIVENSAUCE
100 ml Bio-Mosto-Cotto
200 ml Portwein
40 g Bio-Butter
1 Schalotte
200 ml Wachteljus (oder 50 g Geflügel- oder Kalbsglace)
12 schwarze Oliven
etwas Bio-Essig

GARNITUR
Rote-Bete-Sprossen

WEHMANNS CHAMPAGNER-LIMONENSORBET

Den Zucker in etwas Champagner auflösen.
Den Abrieb von zwei Limetten beiseite stellen.
Alle Limetten auspressen und den Saft unter die Champagner-Zuckermischung geben.
Dann den Limettenabrieb und die Hälfte des restlichen Champagners zugeben. Die Masse in der Eismaschine frieren.

Sobald die Champagner-Limettenmasse angefroren ist, nach und nach den restlichen Champagner zugeben.

TIPP: *Durch das spätere Zugeben des Champagners prickelt das Sorbet nachher schöner.*

ANRICHTEN:
Das Sorbet in gefrorene Champagnerschalen geben.
Mit Limettenkresse und etwas geriebener Limettenschale garnieren.

REZEPT FÜR 4 PERSONEN

CHAMPAGNER-LIMONENSORBET
300 ml Champagner
100 g raffinierter Zucker
2 Limetten

Prinzessin
Victoria Luise
M&J.
Die
Hamburg-Amerika Linie
vollendet im Jahre 1905 das 58. Jahr
ihres Bestehens. Ihr Aktienkapital beträgt
100 000 000 Mk.
Sie unterhält zur Zeit ca.
50 regelmässige Linien
nach fast allen Ländern der Erde.
Ihre Flotte umfasst
318 Schiffe (darunter 142 Ozeandampfer)
mit einer Tonnage von
757 615 Brutto-Register-Tons.
13 ihrer Dampfer mit je 10000 bis
25000 Tons zählen zu den
grössten Handelsschiffen
. . aller Nationen. . .
5

Als Souvenir erhielten die Passagiere von der Reederei einen Taschenkalender mit Ledereinband und Bleistift für die Reise. Dieser enthielt zum Beispiel Angaben zu weiteren Schiffen der HAPAG, zu Reisezielen, einen Notizteil und wertvolle Reisetipps.

Auszug aus dem Reisekalender der Hamburg - Amerika Linie 1905:

VERGNÜGUNGSFAHRTEN ZUR SEE

Das Reisen ist der höchste Ausdruck der modernen Lebenskunst. Auf keine Art des Reisens kann dieser Ausspruch Friedrich Dernburgs mit mehr Berechtigung angewendet werden als auf die Vergnügungsfahrten zur See, die dem Reisenden die Wunder und Schönheiten fremder Länder und Meere erschliessen, ohne ihn dabei zu einem teilweisen Verzicht auf den Komfort und viele geistige und leibliche Genüsse, an die der Kulturmensch gewöhnt ist, zu zwingen. Diesen Seetouristenfahrten wohnt denn auch infolgedessen eine werbende Kraft inne, die ihnen eine ständig wachsende Schar schönheitsfreudiger und wissensdurstiger Menschen zuführt.

Erinnerungsstück der Reederei – kleine versilberte Dose der Lustyacht mit rückseitiger Gravur der jeweiligen Reise.

WIE RÜSTE ICH MICH ZUR REISE?

Die Beantwortung dieser Frage hängt in erster Linie von Zweck, Art, Zeitpunkt und Dauer der Reise, von Klima und sonstiger Beschaffenheit des Reisezieles, von persönlichen Lebensgewohnheiten, Geschmack u. s. w. ab und wird deshalb in jedem einzelnen Falle verschieden lauten. Trotzdem giebt es eine Reihe von Gegenständen, die für jede Reise unentbehrlich sind und die deshalb gewissermassen den eisernen Bestand jedes Reisegepäckes bilden sollten. Für Seereisen auf den Vergnügungsschiffen der Hamburg-Amerika Linie ist die Liste solcher Gegenstände allerdings sehr klein, da bis auf die eigene Bekleidung eigentlich alles an Bord erhältlich ist, was der Passagier irgend für seine Bedürfnisse und seine Bequemlichkeit nötig haben kann. Zu den Gegenständen, die ein Reisender immer mit sich führen möge, gehören:

1) *2 Anzüge, einen für die Reise, den andern (dunklen) für besondere Gelegenheiten. Für Damen gilt ein Gleiches. Für Nordlandreisen empfiehlt sich die Mitnahme eines sog. Sweaters (gewirktes Wollenleibchen).*
2) *1 Überzieher, dessen Stärke von der Jahreszeit und der Gegend, die man bereist, abhängt.*
3) *1 bequeme Kopfbedeckung (Reisemütze für Damen und Herren gleich unentbehrlich)*
4) *1 Regenschirm*
5) *2 Paar bequeme Schuhe, ein Paar stark (für Fusstouren), das andere Paar leicht.*
6) *Wäsche und Unterkleider nach Bedarf.*
7) *Reisedecke. (Bei Seereisen unentbehrlich).*
8) *Die Toilettengegenstände, deren man sich gewöhnlich zu bedienen pflegt.*
9) *Legitimation – auch falls man Länder besucht, in denen kein Passzwang herrscht.*
10) *Reisehandbuch.*
11) *Fernglas.*
12) *Nähzeug, Bleistift, Reiseapotheke (jedenfalls etwas engl. Heftpflaster), kräftiges Messer mit Pfropfenzieher.*
13) *Starke und nicht zu schwere Koffer, möglichst sog. Kabinenkoffer. Alle Gepäckstücke lasse man mit Namen (Initialien) oder farbigen Streifen als Erkennungszeichen versehen.*

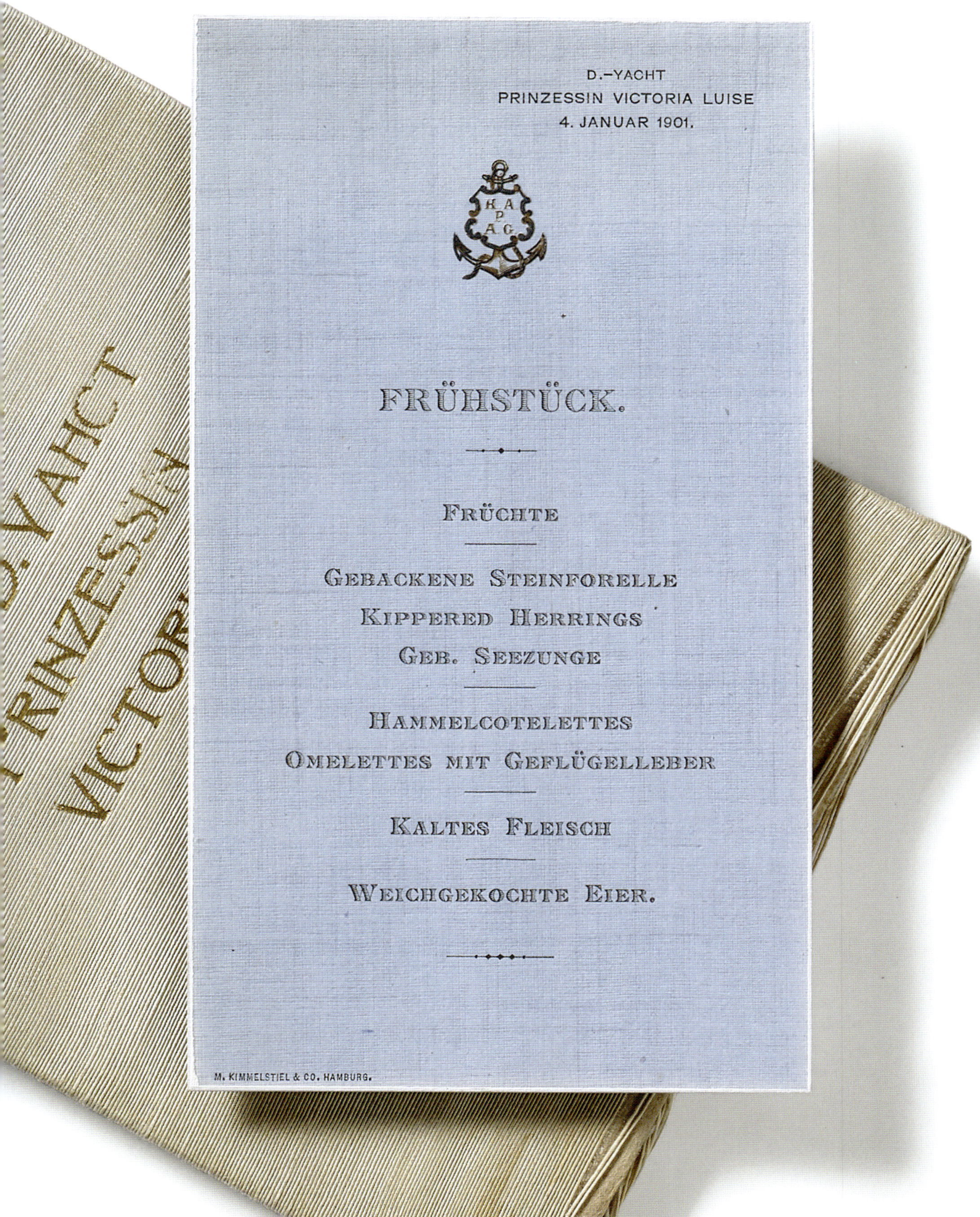
D.-YACHT
PRINZESSIN VICTORIA LUISE
4. JANUAR 1901.
H A P A G
FRÜHSTÜCK.
FRÜCHTE
GEBACKENE STEINFORELLE
KIPPERED HERRINGS
GEB. SEEZUNGE
HAMMELCOTELETTES
OMELETTES MIT GEFLÜGELLEBER
KALTES FLEISCH
WEICHGEKOCHTE EIER.
M. KIMMELSTIEL & CO. HAMBURG.

GEBACKENE BIO-HEIDEFORELLE
MIT HEISS GERÄUCHERTEM HERING, APFEL-GURKEN-SCHMAND UND MARINIERTEM RETTICH

Die Zitrone halbieren. Das Ei aufschlagen.
Die Forellenfilets gleichmäßig portionieren, mit Zitronensaft, Salz und Pfeffer würzen und gut abtrocknen. Erst in Mehl wälzen, abklopfen, dann durch die Eimasse ziehen und zum Schluss in Pankomehl panieren.
In einer hohen Bratpfanne bei 170° C mit reichlich Fett von beiden Seiten goldgelb braten. Anschließend herausnehmen, abtupfen und mit Salz und Pfeffer nachwürzen.

Zwiebeln schälen und in mittelfeine Streifen schneiden, kurz in heißem Salzwasser blanchieren⚓, abtropfen und kalt stellen.
Die Äpfel waschen, abtrocknen, mit einem Messer in 5 mm breite Scheiben schneiden. Diese dann in 5 mm dicke Stäbchen schneiden.
Die Limette kurz abbrausen, abtrocknen, fein abreiben, halbieren und auspressen. Die Gewürzgurken in mittelfeine Stäbchen schneiden.
Den Schmand mit etwas Milch glattrühren, Limettenabrieb, Limettensaft und Zucker zugeben. Danach die Apfelstäbchen, Zwiebeln und Gurkenstäbchen hinzugeben und alles vermengen.
Nochmals mit Salz und Pfeffer abschmecken.

Die Heringe so von der Mittelgräte befreien, dass die Filets zusammenbleiben.
Mit Salz und Pfeffer würzen, abtropfen und vorsichtig einrollen.
In einen Topf (oder kleinen Tisch-Räucherofen) Räucherspäne und Kräuter geben, darüber ein Gitter setzen und auf diese die eingerollten Heringe legen.

Den Topf auf eine Herdplatte schieben und ca. 6 bis 8 Minuten mit Deckel auf Stufe 2/3 (mittlere Hitze 175° C) räuchern.

Als Variante kann der Hering auch sehr gut flach geräuchert werden (siehe Titel).

TIPP: *Anstatt Hering kann auch gut Schollenfilet, Heilbutt oder Bio-Saint-Patrik-Lachs geräuchert werden.*

Den Rettich waschen und abtrocknen. Dann mit dem Lurch in Spiralen schneiden.
Mit Essig, Öl, Zucker, Salz und Pfeffer marinieren.

Das Wasabi-Meerrettichpulver mit gleicher Menge Wasser verrühren und in Kugeln formen.

TIPP: *Die Wasabikugeln vorbreiten und mit Klarsichtfolie abdecken. Dadurch behält der Wasabi sein Aroma.*

ANRICHTEN:
Den marinierten Rettich auf den Teller geben, daneben den Apfel-Gurken-Schmand platzieren und die gebackenen Forellenfilets anlegen. Neben dem Rettichsalat die warm geräucherten Heringsfilets arrangieren und mit Ochsenkleeblättern und marinierten Senfkörnern garnieren.

REZEPT FÜR 4 PERSONEN

BIO-FORELLE
200 g Bio-Heideforellen
(z. B. aus Beneckes Fischzucht)
1/2 Bio-Zitrone
15 g Mehl
25 g Pankomehl
oder 40 g geriebenes Weißbrot
1 kleines Bio-Ei
150 g Bio-Bratfett

APFEL-GURKEN-SCHMAND MIT LIMETTE
75 g Bio-Äpfel
75 g Bio-Zwiebeln
1 Bio-Limette
15 g Zucker
75 g Gewürzgurken
150 g Bio-Schmand
50 ml Bio-Vollmilch
alternativ: Bio-Sahne

HAUSGERÄUCHERTER HERING
4 Stück grüne Heringe à 100g
10 bis 12 g Buchenmehl
(oder Hickory-Räuchermehl)
2 Kräuterbündchen:
mit je 2 bis 3 Stengeln
Rosmarin und Thymian und
6 Wacholderbeeren, zerdrückt
zum Aromatisieren

MARINIERTER RETTICH
200 g roter oder weißer Rettich
20 g Bio-Weißweinessig
40 g Bio-Rapsöl
10 g Zucker
Salz
Pfeffer aus der Mühle

GARNITUR
10 g Wasabi-Meerrettichpulver
(8 Wasabi Kugeln)
12 Blätter Ochsenklee
Marinierte Senfkörner (Seite 191)

GLACIERTE HÄHNCHENLEBER
MIT MOSTO COTTO, EIEROMELETT UND WEIZENGRAS

Die Hähnchenleber in gleichmäßig große Stücke portionieren.
Mit Salz und Pfeffer würzen.
In einer Pfanne mit Bratfett rosa auf den Punkt braten und warmstellen.

Schalotten schälen und in feine Würfel schneiden.
Die Schalottenwürfel mit Butter in einer Pfanne anschwitzen und mit Weißweinessig ablöschen.
Den Mosto-Cotto-Traubenmost zugeben und das Ganze mit der Geflügelglace reduzieren lassen. Die restliche Mosto-Cotto-Sauce zum Anrichten zurückhalten.
Dann die Geflügelleber darin glacieren⁺.

TIPP: *Durch den Mosto-Cotto-Traubenmost erhält man einen leichten dunklen Balsamico-Geschmack.*

TIPP: *Wenn keine Geflügelglace vorhanden ist, die Menge an Traubenmost und Weinessig erhöhen.*

Die Eier mit der Sahne und dem Salz aufschlagen.
Mit Pfeffer und Muskatnuss abschmecken.
Eine Omelettpfanne erhitzen, Butter zerlaufen lassen und jeweils ein Viertel der Eiermasse hineingeben.
Diese kurz stocken lassen, dann die Pfanne anwinkeln, um das Omelett in eine ovale Form zu bringen.
Das Ganze bei kleiner Hitze stocken lassen.

ANRICHTEN:
Die Omeletts auf die vorgewärmten Teller stürzen.
Die glacierten Geflügelleberstücke daneben anrichten und die restliche Mosto-Cotto-Sauce zugeben.
Mit Weizengras garnieren.

REZEPT FÜR 4 PERSONEN

HÄHNCHENLEBER
360 g Hähnchenleber
60 g Bio-Bratfett
Salz
Pfeffer aus der Mühle

MOSTO-COTTO-SAUCE
50 g Bio-Butter
60 g Schalotten
100 g Bio-Mosto-Cotto (Traubenmost)
40 g Bio-Weißweinessig
50 g Geflügelglace oder Kalbsglace

EIER OMELETT
6 Bio-Eier Gr. M
200 g Bio-Sahne
6 g Salz
60 g Bio-Butter
Pfeffer aus der Mühle
etwas Muskatnuss

GARNITUR
1 kleiner Bund Weizengras
alternativ:
Mustard Cress, Vene Cress, Bio-Wildkräutersalate

KALTES BIO-KALBSFILET
AUF APFEL-SELLERIESALAT MIT KARAMELLISIERTEN WALNÜSSEN

Das Bio-Kalbsfilet mit Maldon-Salz und Pfeffer würzen und in einer Bratpfanne mit Butter und Rosmarin von beiden Seiten leicht anbraten.
Anschließend im Ofen bei 130° C und einer Kerntemperatur von 52° C rosa braten.

TIPP: *Bei einer Kerntemperatur von 52° C aus dem Ofen nehmen. Sofort vom warmen Ofenblech nehmen, um den Garprozess zu unterbrechen.*

TIPP: *Fleisch schon einen halben Tag vorher zubereiten, damit es auskühlen kann.*

Zitronen halbieren und auspressen. Den Saft mit Mayonnaise, Creme Fraîche und Honig verrühren.
Anschließend mit Salz und Pfeffer abschmecken.

Den Sellerie putzen, waschen, abtrocknen und schälen.
Dann in 5 mm dicke Scheiben schneiden, würfeln und sofort in die Marinade geben, damit er nicht oxidiert.
Die Äpfel waschen und abtrocken.
Dann mit Schale bis zum Kerngehäuse in 5 mm dicke Scheiben schneiden, diese ebenfalls würfeln und sofort in die Marinade geben.

TIPP: *Wenn es schneller gehen soll, können Sellerie und Apfel auf einer Küchenreibe grob gehobelt werden.*

Den Zucker und das Wasser in einer Pfanne aufkochen.
Die Walnüsse zugeben und bei beständiger
Hitze karamellisieren lassen. Kurz bevor die Walnüsse fertig karamellisiert sind, die Butter zugeben und die Masse durchschwenken.
Anschließend die Walnüsse auf Pergaminpapier abkühlen lassen.

ANRICHTEN:
Den Apfel-Selleriesalat auf die Teller arrangieren.
Das rosa gebratene Bio-Kalbsfilet schräg in Scheiben schneiden und anlegen.
Mit karamellisierten Walnüssen und Basilikumkresse garnieren.

REZEPT FÜR 4 PERSONEN

KALBSFILET
540 g Bio-Kalbsfilet
60 g Bio-Butter
1 kleiner Zweig Rosmarin
Maldon-Salz
Pfeffer aus der Mühle

APFEL-SELLERIESALAT
350 g Sellerieknolle
2 mittlere, rotschalige Äpfel à 150 g
70 g Zitronensaft
60 g Bio-Rapshonig
125 g Mayonnaise (extra feste)
125 g Crème Fraîche
5 g Salz
Pfeffer aus der Mühle

KARAMELLISIERTE WALNÜSSE
50 g Walnüsse
25 g Zucker
1/2 EL Wasser
10 g Bio-Butter

GARNITUR
Karamellisierte Walnüsse
Basilikumkresse

KÖNIGLICHE ABENDTAFEL AN BORD DER »S.M. YACHT HOHENZOLLERN«

IN BJÖRKO MIT ZAR NIKOLAUS II, 23. JULI 1905

Die »S.M. Yacht Hohenzollern II« wurde 1893 von der Stettiner Vulcan AG fertig gestellt und diente Kaiser Wilhelm II als Staatsyacht.

Alljährlich im Sommer brach er mit der Hohenzollern II zur Nordlandfahrt auf und nutzte dabei nicht selten die Gelegenheit, während dieser Erholungsreisen mit repräsentativem Charakter europäische Staatsoberhäupter bzw. regierende Fürsten zu besuchen und politisch zu wirken. So traf er 1905 Zar Nikolaus II in Björko, um ein Defensivbündnis zwischen Deutschland und Russland zu schließen, in das auch Frankreich einbezogen werden sollte. Der von Kaiser Wilhelm II und Zar Nikolaus II unterzeichnete Vertrag wurde jedoch von den verantwortlichen Politikern ihrer Länder nicht gebilligt.

Im Gegensatz zu dem Zwei-Kaiser-Treffen in Björko trafen sich am 5. August 1907 die Cousins Kaiser Wilhelm II und Zar Nikolaus II mit ihrem Geleit im mondänen Seebad Swinemünde, um die politischen Verhältnisse in Europa für die Zukunft zu ordnen und zu sichern.

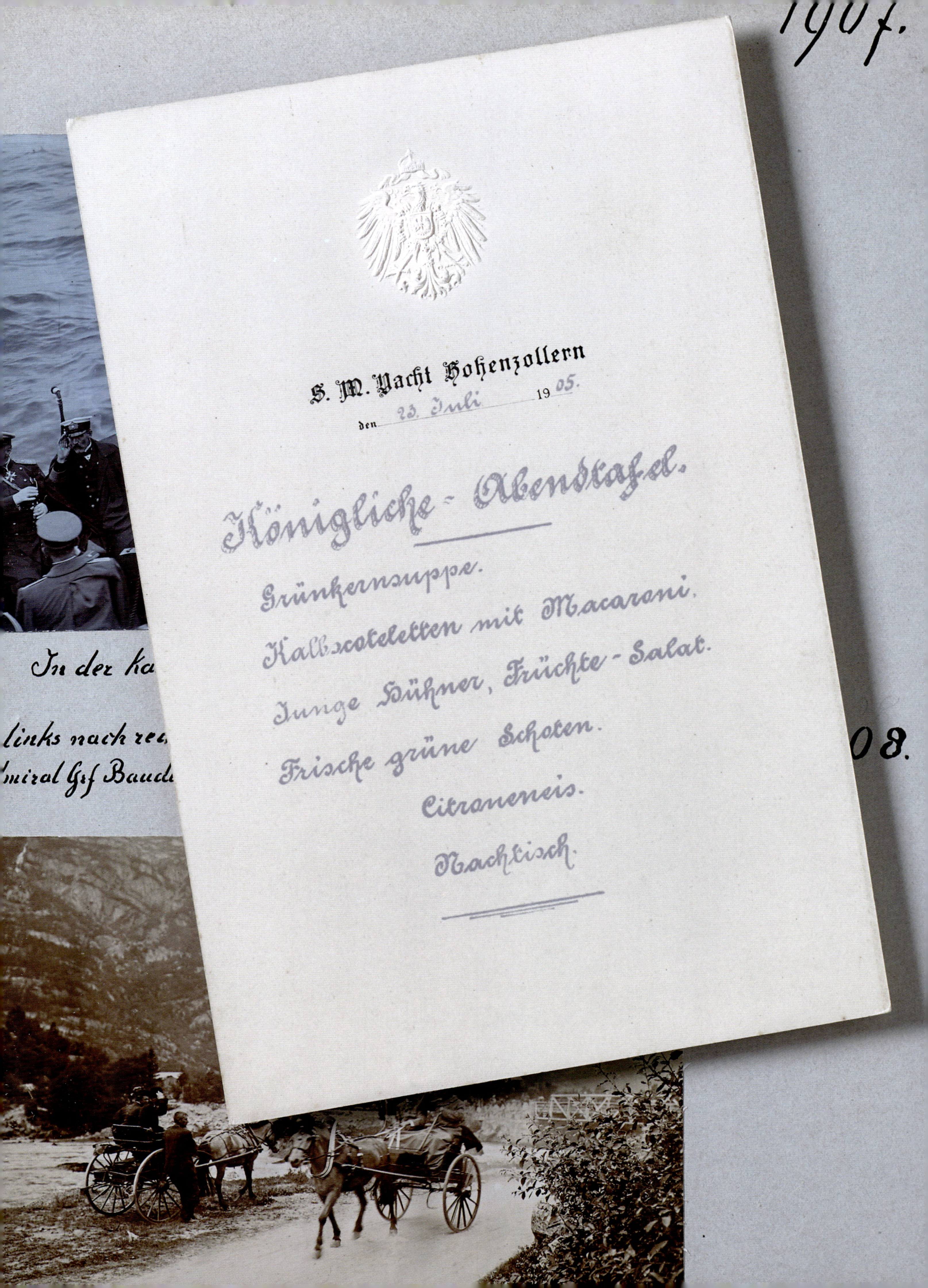
S. M. Yacht Hohenzollern

den 23. Juli 1905.

Königliche - Abendtafel.

Grünkernsuppe.

Kalbscoteletten mit Macaroni.

Junge Hühner, Früchte - Salat.

Frische grüne Schoten.

Citroneneis.

Nachtisch.

Auf der Rhede von Swinemünde. 5. August.
Sr. Maj. der Kaiser von Russland, Sr. Maj. der deutsche Kaiser.

GRÜNKERNSÜPPCHEN

MIT AFILA-KRESSE, BOHNENKERNEN UND GEMÜSEPERLEN

Den Grünkern waschen und abtropfen. Die Schalotten schälen und in Würfel schneiden. Den Speck ebenfalls würfeln.
Butter in einem Topf zerlaufen lassen, Schalottenwürfel und Speckwürfel anschwitzen, den Grünkern dazugeben und mit dem Geflügelfond auffüllen.
Pfefferkörner und Lorbeerblatt im Gewürzbeutel zugeben.
Den Grünkern ca. eine halbe Stunde langsam gar kochen lassen.

TIPP: *Sehr wichtig ist, dass der Fond nicht reduziert. Wenn doch, etwas Wasser nachfüllen.*

Nach ca. einer halben Stunde, wenn der Grünkern gar ist, ein Drittel des Grünkerns zurückhalten, die Milch zugeben und den Rest mit dem Fond mit einem Mixer pürieren. Die Suppe aufkochen und mit Salz und Pfeffer abschmecken.

Die Möhren und den Sellerie schälen.
Mit einem Kugelausstecher kleine Kugeln formen oder mittelgroße Würfel schneiden.
Mit der restlichen Butter die Gemüseperlen anschwitzen und in etwas Fond garen. Die dicken Bohnenkerne kurz blanchieren und aus der Schale drücken und mit den grünen Kernen als Einlage zurückhalten.

ANRICHTEN:
Bohnenkerne, Gemüseperlen und Grünkern in die vorgewärmten tiefen Teller geben. Die Suppe hinzugeben und mit geschnittener Afila-Kresse anrichten.

TIPP: *Wenn keine Kresse vorhanden ist, kann alternativ Majoran, glatte Petersilie oder Liebstöckel verwendet werden.*

REZEPT FÜR 4 PERSONEN

GRÜNKERNSÜPPCHEN
70 g Grünkern
2 Schalotten
60 g Bio-Butter
60 g mageren Speck
800 ml Geflügelfond
200 ml Bio-Vollmilch
1 Lorbeerblatt
6 Pfefferkörner leicht zerdrückt
Salz
Pfeffer aus der Mühle

EINLAGE
90 g Bio-Möhren
90 g Bio-Sellerieknolle
150 g dicke Bio-Bohnenkerne
2 Lagen Afila-Kresse
Salz
Pfeffer aus der Mühle

GARNITUR
Afila-Kresse

GEGRILLTES BIO-KALBSKOTELETT
MIT MAKKARONI UND TOMATENPULPE

Kalbsrücken mit Knochen in vier gleichmäßige Koteletts schneiden. Mit Maldon-Salz und Pfeffer würzen. Den Grill erhitzen und die Koteletts, je nach Größe, von beiden Seiten 4 bis 6 Minuten grillen.

TIPP: *Um ein schönes Rautengrillmuster zu erhalten, müssen die Koteletts nach 2 bis 3 Minuten um 45 Grad gedreht werden.*

Die Schalotten schälen und in feine Würfel schneiden.
Die Makkaroni al dente kochen.
Die Schalottenwürfel in Olivenöl anschwitzen, die Tomberry-Tomaten zugeben, kurz angehen lassen und durchschwenken.

Zuletzt die Makkaroni hinzufügen und mit Basilikum-Spinatsaft würzen. Mit Salz und Pfeffer abschmecken.

Die Zwiebeln schälen und in feine Würfel schneiden.
Knoblauchzehen fein schneiden.
Mit dem Lorbeerblatt, Basilikum und Rosmarin ein Kräutersäckchen vorbereiten.
Demeter-Ruth-Tomaten abwaschen, abtrocknen, den Strunk entfernen und achteln.

Die Zwiebelwürfel mit dem Knoblauch und der Chilischote in Sonnenblumenöl leicht anschwitzen. Die Flüssigkeit verdunsten lassen. Zuletzt die Tomatenstücke zugeben und ebenfalls verköcheln lassen. Die Tomatenpulpe muss eine Konsistenz erreichen, dass man Nocken abstechen kann. Das Kräutersäckchen entfernen, mit Salz, Cayennepfeffer und Bio-Olivenöl abschmecken.

TIPP: *Etwas Rauchöl und weißen Balsamico-Essig in die Tomatenpulpe geben, um ein noch intensiveres Aroma zu erhalten.*

ANRICHTEN:
Kalbskoteletts auf vorgewärmte Teller geben und mit gewürzten Makkaroni anrichten.
Das Tomatenpulpe in Nocken formen und anlegen.

REZEPT FÜR 4 PERSONEN

KALBSKOTELETT
- 1,2 kg Bio-Kalbsrücken mit Knochen
- Maldon-Salz
- Pfeffer aus der Mühle

MAKKARONI
- 100 g frische kleine Makkaroni (160 g gekocht)
- 1 Schalotte
- 2 EL Bio-Olivenöl
- 10 g Basilikum-Spinatsaft
- 100 g gelbe Tomberry-Tomaten
- 100 g rote Tomberry-Tomaten

TOMATENPULPE
- 600 g Demeter-Ruth-Tomate
- 150 g Bio-Zwiebeln
- 2 EL Bio-Sonnenblumenöl
- 1 Knoblauchzehe
- 1 sehr kleine Chilischote
- 1/8 Bund Bio-Basilikum
- 1/8 Bio-Rosmarinzweig
- 1 Lorbeerblatt
- 1 EL Bio-Olivenöl
- Salz
- Cayennepfeffer

BASILIKUM-SPINATSAFT
- 100 g Basilikum
- 20 g Spinat

Den Basilikum und Spinat putzen, waschen und gut abtrocknen.
Anschließend in einen Entsafter geben und den Saft herstellen.

TIPP: *Wenn kein Entsafter vorhanden ist, kann die dreifache Menge der Zutaten mit etwas Flüssigkeit in einem kleinen Cutter zerkleinert werden. Der Basilikum-Spinatsaft kann auch für Suppen, Vinaigrettes und Saucen verwendet werden.*

WEHMANNS ZITRONENSAHNEEIS
AUF ZITRONENCARPACCIO MIT GLASHIPPEN

FÜR 4 PERSONEN

ZITRONENEIS
1 1/2 Bio-Zitronen
(70 ml Zitronensaft)
100 g Eigelb
100 g Zucker
160 ml Bio-Sahne
100 ml Bio-Vollmilch

GLASHIPPEN
100 g Puderzucker

GARNITUR
2 Bio-Zitronen
Glashippen

Die Zitronen kurz abbrausen, abtrocknen und auspressen.
Den Saft beiseite stellen.
Den Abrieb von 1 ½ Zitronenschalen ebenfalls beiseite stellen.

Das Eigelb mit Zucker aufschlagen.

Sahne und Milch aufkochen und langsam unter die aufgeschlagene Eigelb-Zuckermasse rühren.
Es soll eine Temperatur von 78° C erreicht werden.

Diese Masse abkühlen lassen, den Zitronensaft und die geriebene Zitronenschale zugeben.
In der Eismaschine frieren und danach bis zum Anrichten kalt stellen. Temperaturschwankungen möglichst vermeiden.

Den Puderzucker gleichmäßig auf eine Silikonmatte sieben.
Mit einer zweiten Silikonmatte gleicher Größe beschweren.
15 Minuten bei 200° C mit Ober- und Unterhitze schmelzen, dann auskühlen lassen. Die obere Silikonmatte abnehmen und die fertige Zuckermatte in verschiedene Größen brechen.
Die Glashippen zwischen Pergaminpapier trocken lagern.

ANRICHTEN:
Die Zitronen kurz abbrausen, abtrocknen und in sehr feine Scheiben schneiden.
Das Zitroneneis darauf anrichten und mit Glashippen dekorieren.

Frühstück am Ufer des Djupvand. 28. Juli.
S. Maj.
Gruppe im Zelt. Von links nach rechts. v. Scholl,
d. Kaiser, Ego, Salzmann, Prz. A. Holstein, v. Güssfeld,

KÖNIGLICHE FRÜHSTÜCKSTAFEL AN BORD DER »S.M. YACHT HOHENZOLLERN«

MIT S.M. DES KÖNIGS VON DÄNEMARK, 2. AUGUST 1905

Kaiser Wilhelm II hatte eine ganz besondere Vorliebe für die unberührten nordischen Landschaften und besonders für die norwegischen Fjorde. In Begleitung seines Hofstaats, von Vertretern aus der Wirtschaft, mit Forschern und Künstlern trat er insgesamt 26 Mal die Nordlandfahrt an.
Die unberührten Landschaften boten besonders den Künstlern unzählige Motive und inspirierten sie zu zahlreichen Landschaftsgemälden und Skizzen, die dann durch Veröffentlichungen die Reisen in den Norden immer populärer machten.
Für Nordlandreisende der Vergnügungsfahrten war es stets ein besonderes Erlebnis, wenn sie der Kaiserlichen Yacht begegneten.

Bei einem »Nordland-Frühstück« zog es die Reisenden gern in die Natur. Auf der Abbildung erkennt man Carl Saltzmann, einen sehr bedeutenden Landschafts- und Marinemaler. Sowohl Kaiser Wilhelm II als auch Prinz Heinrich erhielten von ihm Mal- und Zeichenunterricht. Er gehörte schon fast zur »Nordlandfahrt-Crew« des Kaisers, denn er begleitete ihn auf 22 Nordlandfahrten.
Im Internationalen Maritimen Museum Hamburg ist das Ölgemälde »Strandblick auf Wogen und Gischt« auf Deck 8 zu sehen.

Richard Paul Güßfeldt war Geograf, Forschungsreisender und Alpinist. Er plante die Nordlandfahrten für den Kaiser und begleitete ihn jedes Jahr.

Ein »königliches« Frühstück gestaltete sich deutlich vornehmer.
Kaiser Wilhelm II trifft die königliche Familie von Dänemark im Hafen von Kopenhagen und bittet zur Frühstückstafel an Bord der »S.M. Yacht Hohenzollern II«.

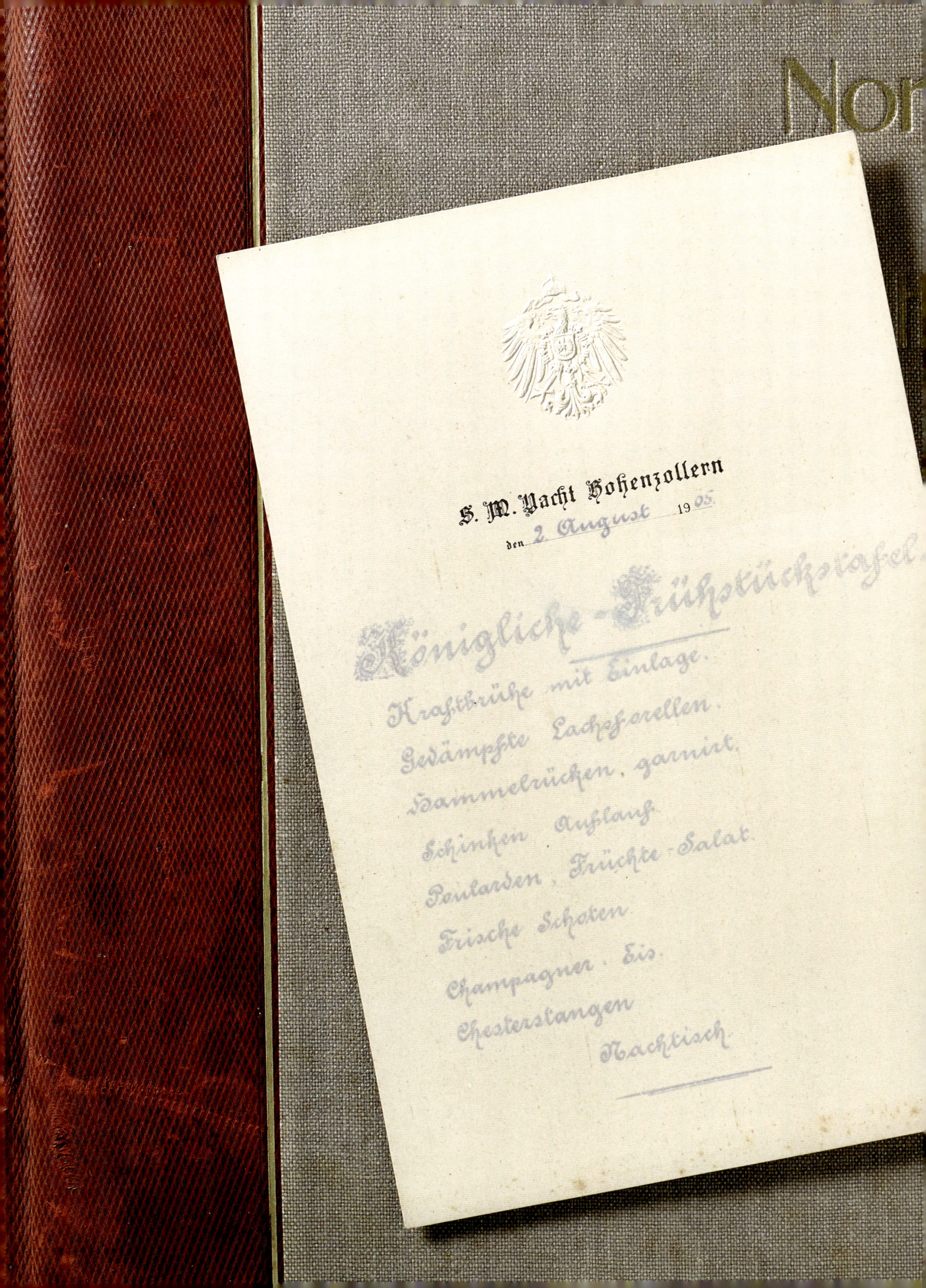
S. M. Yacht Hohenzollern
den 2 August 1905
Königliche-Frühstückstafel.
Kraftbrühe mit Einlage.
Gedämpfte Lachsforellen.
Hammelrücken, garnirt.
Schinken Auflauf
Poularden, Früchte-Salat.
Frische Schoten
Champagner. Eis.
Chesterstangen
Nachtisch

llandsreisen

uf S. M. Yacht

henzollern

Im Hafen von Kopenhagen. 2. August. Sr. Maj. der Kaiser, S. Maj. der König von Dänemark, der Kronprinz und die Kronprinzessin mit den Kindern verlassen den Wagen zur Fahrt zum Diner auf der Hohenzollern.

FJORDFORELLE
MIT ZUCKERSCHOTEN UND SAFRANSAUCE

Fjordforellen mit der Haut in acht gleiche Medaillons à 80 g schneiden. Mit Zitronensaft, Salz und Pfeffer würzen.

Die marinierten Fjordforellen mit den Kräutern auf ein gebuttertes Dämpferblech legen und im Dämpfer bei 85° C 4 Minuten glasig garen.

Wenn kein Dämpfer vorhanden ist, den Weißwein und die gleiche Menge Flüssigkeit in einen Topf geben. Die Fjordforellen und die Kräuter auf einen gebutterten Siebeinsatz geben und 4 Minuten bei mittlerer Hitze mit Deckel dämpfen.

Die Zuckerschoten putzen und waschen. Entweder schräg halbieren, oder mit einem Messer an einer Seite kleine Dreiecke herausschneiden.
Die Schalotte schälen und in feine Würfel schneiden.
Die Schalottenwürfel mit der Butter in einer Sauteuse⚓ anschwitzen.
Die Zuckerschoten zugeben, dazu etwas Flüssigkeit und mit Deckel ca. 3 bis 4 Minuten dünsten.
Mit Meersalz und Pfeffer würzen.

TIPP: *Nicht zu früh dünsten, da die Zuckerschoten nach einer Weile ihre grüne Farbe verlieren.*

Die Schalotten schälen, fein würfeln und in Butter anschwitzen.
Safran zugeben, mit Weißwein ablöschen und reduzieren lassen.
Dann mit dem Fischfond auffüllen und auf ein Drittel reduzieren lassen.
Crème doublé zugeben, kurz aufkochen lassen und mit dem Pürierstab mixen.
Mit Salz und Pfeffer abschmecken.
50 g Sahne aufschlagen und vor dem Servieren unterheben, damit die Sauce leicht marmoriert ist.

ANRICHTEN:
Die Zuckerschoten auf vorgewärmte Teller verteilen und die gedämpften Medaillons der Fjordforelle anlegen.
Mit Safransauce beträufeln.

REZEPT FÜR 4 PERSONEN

FJORDFORELLE
640 g Fjordforelle mit Haut
1 Bio-Zitrone
1 EL Bio-Butter
100 ml Weißwein
1 kl. Bund Kräuter (Borretsch, Zitronenmelisse, Estragon)
Pfeffer aus der Mühle

GEDÄMPFTE ZUCKERSCHOTEN
350 g Zuckerschoten
1 Schalotte
40 g Bio-Butter
Meersalz
Pfeffer aus der Mühle

SAFRANSAUCE
300 ml Fischfond
60 g Schalotten
40 g Bio-Butter
100 ml Weißwein
200 g Crème double
1 Msp. Safranpulver oder Safranfäden
Salz
Pfeffer aus der Mühle
50 g Bio-Sahne

SCHINKENAUFLAUF
MIT PENNE LISCE, GURKEN UND MAJORAN

Die Penne Lisce vorab al dente kochen und gut abtropfen lassen.

Den gekochten Schinken und die Gewürzgurken in 5 mm große Würfel schneiden. Von den verschiedenen Tomaten jeweils vier schöne Scheiben schneiden, den restlichen Teil würfeln. Den Majoran waschen, abtropfen und 12 Bouquets zupfen. Den restlichen Teil fein schneiden. Die Schalotten schälen und würfeln.

Die Schalottenwürfel in etwas Butter anschwitzen, dann die Tomatenabschnitte und Schinkenwürfel zugeben. Mit Salz und Pfeffer würzen. Die gekochten Penne, Gurkenwürfel und den Majoran hinzufügen.

Die Eier und Sahne in einen Mixer geben. Muskatnuss, Pfeffer und Salz zugeben und alles mixen.

Mit einem Teil der Butter die Auflaufform ausbuttern. Die Nudelmasse in die Springform füllen und mit der Ei-Sahne-Mischung auffüllen. Die Tomatenscheiben auf die Oberfläche legen und mit Parmesan bestreuen.
Die Auflaufform bei 150° C (Umluft) ca. 45 Minuten in den Ofen geben.

HINWEIS: *Wenn die Grundmasse sehr kühl ist, kann sich die Garzeit verlängern.*

ANRICHTEN:
Gratinierten Auflauf mit den Majoran-Bouquets garnieren.

REZEPT FÜR 4 PERSONEN

Für eine Springform
18 cm Durchmesser 3 bis 5 cm hoch

125 g frische Penne Lisce
(ergibt 200 g, fertig gekocht)
Salz
Pfeffer aus der Mühle
40 g Bio-Butter
125 g gekochter Schinken
(5 mm-Scheiben)
50 g Gewürzgurken
1 Schalotte
3 kleine Fleischtomaten
in 3 verschiedenen Sorten/Farben
1/4 Bund Majoran
20 g fein geriebener Parmesan

EI-SAHNE-MISCHUNG
3 Bio-Eier Gr. L
125 g Bio-Sahne oder Bio-Vollmilch
3 g Salz
etwas geriebene Muskatnuss

GARNITUR
12 Majoran-Bouquets

KOCH & BERGFELD

BRUDERHAHN AUF FRÜCHTESALAT
MIT CURRYAROMEN, TAGETES- UND NELKENBLÜTEN

Die Keulen und Brüste auslösen, die Haut abziehen.
Bei den Keulen den Oberschenkelknochen auslösen und das Keulenfleisch mit einem Spieß fixieren. Die Brust- und Keulenstücke mit Salz und Pfeffer würzen. Danach beides im Ofen bei 140° C garen.
Bei einer Kerntemperatur von 65° C herausnehmen, ruhen lassen und kalt stellen. Später mit einem Teil der Früchtemarinade marinieren.

TIPP: *Verwenden Sie vorzugsweise Keulen, da diese saftiger und würziger sind.*

HINWEIS: *Die Keulen benötigen meistens eine längere Garzeit.*

Die rote und gelbe Paprika waschen, entkernen und mit etwas Flüssigkeit gar dämpfen. Dann abziehen und in gefällige Stücke schneiden.
Den Pfirsich und die Aprikosen blanchieren⚓, die Haut abziehen, die Kerne entfernen und in Spalten schneiden.
Die Orange filetieren⚓ und die Spalten ohne Haut auslösen, den Saft auffangen. Die Haut von den Weintrauben abziehen und die Kerne entfernen. Die Stachelbeeren waschen, abtrocknen und schräg halbieren.

Die Limette auspressen.
Das Sonnenblumenöl in einer Sauteuse⚓ zerlaufen lassen.
Schalottenwürfel, Chilischote und Currypulver zugeben.
Dann 2 bis 3 Minuten anschwitzen, mit Essig ablöschen, den Korianderhonig zugeben und mit Früchtesaft auffüllen.
Das Ganze kurz erhitzen, den rosa Ingwer zugeben, mit Salz und etwas Limettensaft abschmecken.
Zum Schluss die Chilischote herausnehmen, die Marinade mit dem Pürierstab mixen und kaltstellen.

ANRICHTEN:
Die marinierten Brust- und Keulenstücke in Scheiben aufschneiden. Die Früchte und Geflügelstücke abwechselnd auf die Teller arrangieren. Mit der restlichen Marinade nappieren⚓, mit Tagetes- und Nelkenblüten würzen und garnieren.

REZEPT FÜR 4 PERSONEN

BRUDERHAHN
600 g Bio-Bruderhahn
(300 g Brust, 300g Keule)
60 g Bio-Rapsöl
Salz
Pfeffer aus der Mühle

FRÜCHTESALAT
1 vollreifer Pfirsich
120 g Stachelbeeren
(rote und grüne)
oder 1/4 Cavaillon-Melone
1 Orange
6 Aprikosen
24 Weintrauben
1/2 rote Paprika
1/2 gelbe Paprika

FRÜCHTESALAT-MARINADE
1 Schalotte
40 g Bio-Sonnenblumenöl
1/2 Chilischote
10 g Bio-Currypulver
30 g Bio-Weißweinessig
60 g Allos Bio-Korianderhonig
50 ml Saft aus den Früchten
1 Bio-Limette
10 g rosa Ingwer
Salz
Pfeffer aus der Mühle

GARNITUR
Gewürz-Tagetes
Nelkenblüten

BLÄTTERTEIGSTANGEN
MIT CHESTERKÄSE UND SCHWARZEM SESAM

REZEPT FÜR 4 PERSONEN

CHESTERSTANGEN
12 Blätterteigstücke
von 24 x 2 cm Größe
1 Bio-Ei Gr. L
12 g geriebener Chesterkäse
3 g schwarzer Sesam

Das Eigelb vom Eiweiß trennen.
Die Hälfte des Eiweißes mit dem Eigelb vermengen.

Die ausgerollten Blätterteigstücke mit der Eimasse einpinseln. Jeweils 6 Stück mit geriebenem Chesterkäse und 6 Stück mit schwarzen Sesamkörnern bestreuen. Die aufgestreute Masse etwas andrücken und die Streifen dann spiralenförmig rollen.

Die Spiralen auf ein Backblech mit Backpapier legen und an den Enden andrücken. Dann im vorgeheizten Ofen bei 210° C (Umluft) ca. 8 bis 12 Minuten ausbacken.

TIPP: *Wenn der Blätterteig als Fertigprodukt gekauft wurde und die Platten nicht die angegebene Breite haben, können 24 Stücke à 12 cm x 2 cm ausgerollt werden.*

ANRICHTEN:
Die Blätterteigstücke auf Teller oder Silberplatten anrichten.

TIPP: *Die Blätterteigstangen passen auch gut zum Aperitif, mit Chesterkäse gut zu Portwein.*

EV

ENT

IN KÖNIGLICHER BEGLEITUNG

Das Porzellan der Königlichen Porzellan-Manufaktur Berlin gehörte in der Vergangenheit nicht nur zur Ausstattung vieler Yachten und Linienschiffe, sondern schmückte auch viele Tafeln königlicher und kaiserlicher Schlösser und Residenzen.
Diese Tatsache und der heutige Anspruch der Manufaktur, das Kulturerbe fortzuführen, war Inspiration dafür, sämtliche Speisen in diesem Buch auf Porzellan der Königlichen Porzellan-Manufaktur Berlin darzustellen.

Seit dem Jahr 1763, in dem Friedrich der Große die Manufaktur in Berlin übernahm, steht königliches Porzellan für Stil prägende Eleganz, höchste Handwerkskunst, exzellente Qualität und Tradition.
Das Geheimnis der Rezeptur und Herstellung dieses besonders weißen und reinen Porzellans bleibt nach wie vor ein wohl gehütetes Geheimnis.
Bis heute wird ausschließlich am Originalstandort in Berlin gefertigt, wo jedes Stück in hoher Handwerkskunst geformt, dekoriert und gebrannt wird.
Von hier aus trägt die Manufaktur Luxus, Kreativität, Geschichte und Kulturgut in die ganze Welt.
So ziert das Porzellan auch heute die Tafeln von Staatsresidenzen, wie beispielsweise im Schloss Bellevue, geziert mit dem Bundesadler, und viele private Tafeln weltweit.

Kaiser Wilhelm II ließ sowohl für seine Yachten als auch für seine Residenzen in Berlin und Potsdam das Geschirr bei der Königlichen Porzellan-Manufaktur Berlin anfertigen. Im Gegensatz zum Geschirr für die Residenzen, präsentierte sich das Geschirr für seine Yachten eher schlicht, nahezu modern.

Die Randstreifen sind glatt und mit Perlrand gestaltet, aus 24 Karat Gold.

Im Schiffsbandeau befinden sich immer der Schiffsname und, ergänzend dazu, die Kaiserstandarte.

Die Initiale der Kaisers wird von der bekrönten Kette des Adlerordens umrahmt.

Jedes Porzellanteil wurde von der Königlichen Porzellan-Manufaktur Berlin genauestens gekennzeichnet, um Erst- und Nachbestellungen nachzuvollziehen.

Das blaue Zepter ziert bis heute das Porzellan und wurde von 1832 bis 1913 durch diesen roten Reichsapfel ergänzt.

Jedes handgefertigte Stück wurde von den Porzellanmalern am Standring signiert und weist dieses als Unikat aus.

Emil Richard Claus gestaltete 1899 den tiefen Teller.

Im 150. Jubiläumsjahr der Manufaktur fertigte Bruno Handtke 1913 den großen Teller und signierte diesen zusätzlich mit dem ovalen Jubiläumssignet »Fredericus Rex«.

S.M.Y.
HOHENZOLLERN
HONI SOIT QUI MAL Y PENSE

Festtafel
anlässlich des
Regierungsjubiläums
Majestät
Wilhelms II
Dinner
in Celebration of
Emperor Wilhelm's Jubilee

FESTTAFEL ANLÄSSLICH DES 25-JÄHRIGEN REGIERUNGSJUBILÄUMS SEINER MAJESTÄT KAISER WILHELM II, 16. JUNI 1913

DER »IMPERATOR« NEUE DIMENSIONEN FÜR LUXUSREISEN AUF SEE

Albert Ballin, Generaldirektor der HAPAG, setzte mit dem Bau der Imperator-Klasse ganz neue Maßstäbe für das Reisen auf See.
Es war sein Ziel, an den Erfolg des komfortablen Reisens anzuknüpfen und mit einer Schnelldampferklasse in neuer Dimension wöchentlich Fahrten von Europa nach Amerika anzubieten.
Das erste Schiff dieser Klasse war der »Imperator«, ein gigantisches, luxuriöses Passagierschiff, das 1913 von der Vulcan Werft AG in Hamburg für die HAPAG gebaut wurde und als größtes Passagierschiff der Welt galt.
Die Begeisterung Kaiser Wilhelms II für diese mächtige Schnelldampferklasse lag sicherlich in seiner Vorliebe für die Seefahrt begründet, aber vor allem darin, dass diese neuen Riesenschiffe Spitzenprodukte der deutschen Werftindustrie darstellten und den Anspruch der HAPAG, eine der führenden Reedereien auf dem Nordatlantik zu bleiben, beeindruckend erfüllten.

Am 23. Mai 1912 richteten sich somit alle Blicke im In- und Ausland nach Hamburg auf einen grandiosen Festakt, den es in diesem Maße bis dahin in der Hansestadt noch nicht gegeben hatte. Seine Majestät Kaiser Wilhelm II taufte den »Imperator« höchstpersönlich. Auf seinen Wunsch hin wurde der Schiffsname nicht, wie sonst üblich, mit einem weiblichen, sondern mit einem männlichen Artikel bezeichnet *»Der Imperator«*.

Dem »Imperator« folgten die »Vaterland« und die »Bismarck«, die beide von Blohm & Voss in Hamburg gebaut wurden. Jedes dieser Schiffe war etwas größer als sein Vorgänger. Mit dem Bau dieser Schnelldampferklasse antwortete Ballin auch auf die Neubaupolitik der White Star Line, die 1908 mit dem Bau der Olympic-Klasse begonnen hatte.
Die »Olympic« und ihr Schwesterschiff »Titanic« hatten ihrerseits schon alle bis dato in Dienst gestellten Luxusliner an Komfort übertroffen.
Ein Jahr nach dem Untergang der »Titanic« begab sich der »Imperator« am 11. Juni 1913 unter dem Kommando von Kommodore Hans Ruser und drei weiteren Kapitänen der HAPAG auf seine Jungfernfahrt von Cuxhaven nach New York und konnte dem Luxus an Bord der »Olympic« und »Titanic« ohne Weiteres standhalten.
Aus dem Unglück der Titanic hatten Erbauer und Reeder des Schiffes Konsequenzen gezogen: Rettungsboote standen in ausreichender Zahl zur Verfügung und die Mannschaft war entsprechend geschult.

Die hohen, verbesserten Sicherheitsstandards und eine neue Dimension von Luxus begeisterte Adel, Geldadel und Geschäftsreisende für eine Transatlantikpassage mit dem Imperator.

In einem prächtigen Ambiente wurde während der Jungfernfahrt am 16. Juni 1913 die prunkvolle Festtafel anlässlich des 25-jährigen Regierungsjubiläums Seiner Majestät Kaiser Wilhelms II zelebriert.

Wie genussvoll sich diese Festtafel auf dem Luxusliner gestaltete, lässt sich heute wohl nur erahnen.
Gäste der 1. Klasse wurden in großen, stilvoll eingerichteten Speisesälen, die zum Teil mit offenen Galerien gestaltet waren, verwöhnt.
Die Exklusivität des Restaurants Ritz-Carlton unterstrich das internationale Flair an Bord und ein besonderes kulinarisches Highlight war es, wenn der weltberühmte französische Meisterkoch Auguste Escoffier Gäste an Bord des Luxusschiffs verwöhnte.
Nach einem festlichen Dinner boten die großzügigen Räumlichkeiten dem tanzfreudigen Publikum einen feierlichen Rahmen.
Den alltäglichen Luxus genossen die Passagiere in geräumigen Kabinen und mit einem umfangreichen Freizeitangebot.
Das weitläufige Promenadendeck lud zum Flanieren ein und wer mehr Bewegung wollte, begab sich in das Luxusschwimmbad im »pompejanischen« Stil oder in den Gymnastikraum.
In verschiedenen Salons, der Bibliothek oder im Rauchsalon im Tudor-Stil ließ man sich standesgemäß verwöhnen und knüpfte Kontakte.

Prachtvolle frische Blumendekorationen schmückten die Salons und die Tafeln des Luxusliners. Ein Gärtner mit bordeigenem Treibhaus hegte und pflegte Blumen und Früchte während der Reisen. Seine besondere Zuwendung erhielten die vielen, für die Salons typischen, kostbaren Palmen, die dem Ambiente an Bord etwas Exotisches verliehen.

IMPERATOR
IMPERATOR
LINIE
DAS GASTLICHE SCHIFF
SPEISESÄLE · RITZ-CARLTON-
RESTAURANT · GRILLROOM
RAUCHSÄLE · TUDORSAAL
18
19
DAS DIENSTBARE SCHIFF
DECKS- U. MASCHINENMANN-
SCHAFT · KÜCHEN · PROVIANT-
UND KÜHLRÄUME · BEDIENUNG
34
35

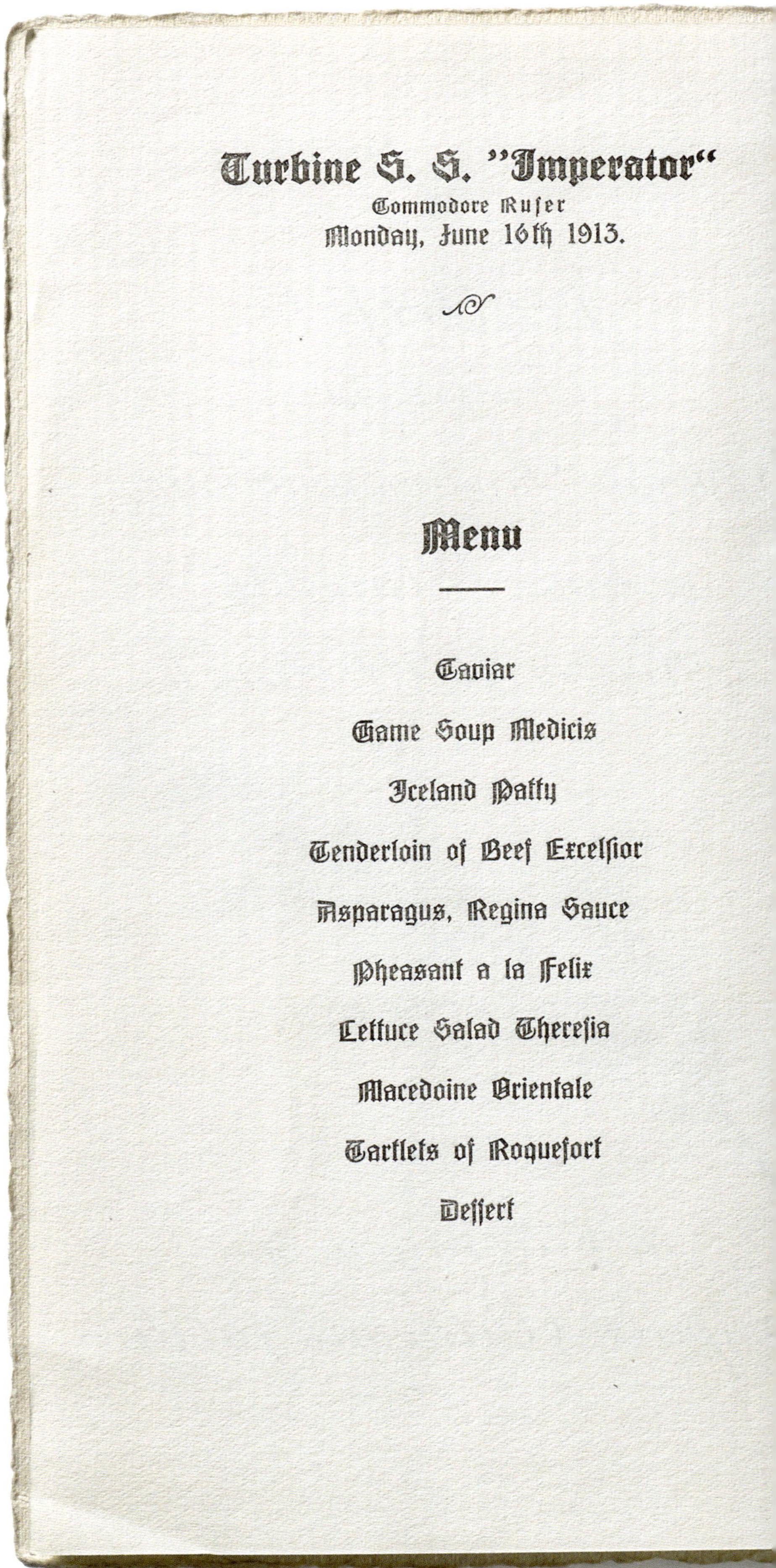

Turbine S. S. "Imperator"
Commodore Ruser
Monday, June 16th 1913.

Menu

Caviar

Game Soup Medicis

Iceland Patty

Tenderloin of Beef Excelsior

Asparagus, Regina Sauce

Pheasant a la Felix

Lettuce Salad Theresia

Macedoine Orientale

Tartlets of Roquefort

Dessert

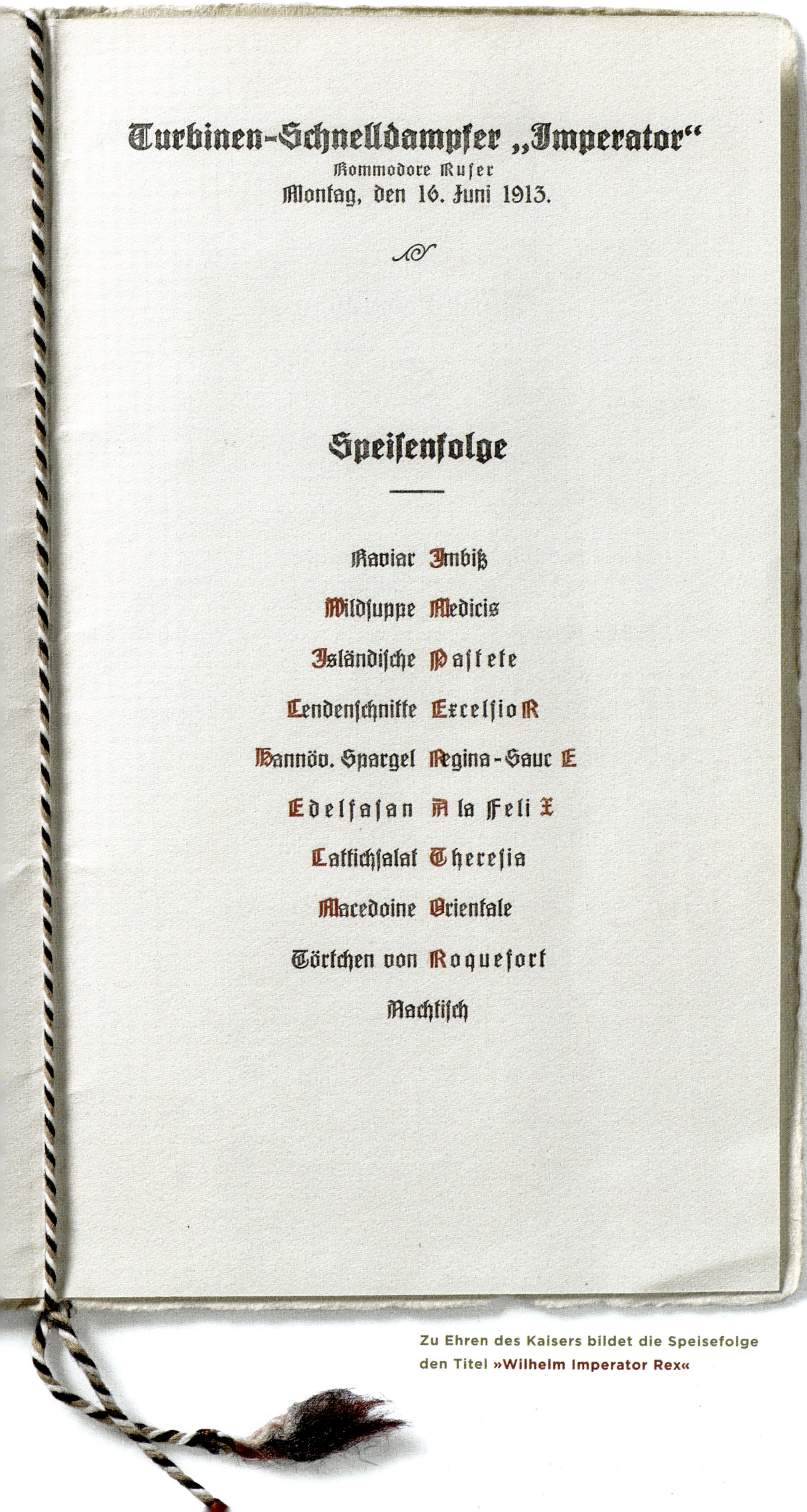

Turbinen-Schnelldampfer „Imperator"

Kommodore Ruser

Montag, den 16. Juni 1913.

Speisenfolge

Kaviar Imbiß

Wildsuppe Medicis

Isländische Pastete

Lendenschnitte ExcelsioR

Hannöv. Spargel Regina-SaucE

Edelfasan A la FeliX

Lattichsalat Theresia

Macedoine Orientale

Törtchen von Roquefort

Nachtisch

Zu Ehren des Kaisers bildet die Speisefolge den Titel »Wilhelm Imperator Rex«

WILDSUPPE À LA MEDICIS
MIT GEFLÜGELKLÖSSCHEN

Die Zwiebeln mit der Schale halbieren und in einer Pfanne gut rösten. Das Gemüse in groben Stücken mit den Kräuterstielen wie ein Bouquet garni binden.
Wildhesse gut waschen. Kalt mit ca. 1,5 l Wasser in einen Topf geben und aufkochen lassen.
Degraissieren† und bei 76° C ziehen lassen.
2 Stunden später Salz zugeben, nochmals kurz ankochen lassen.
Noch einmal degraissieren† und wieder bei 76° C mit Deckel ziehen lassen.
Nach ca. 6 Stunden das Gemüse, die Pilze, Kräuterstiele und gerösteten Zwiebeln zugeben. Das Ganze dann bis zu 16 Stunden ganz langsam weiter garen lassen und dabei immer wieder degraissieren†.
Danach den Fond durch ein feines Tuch passieren und nochmals mit Salz und Pfeffer abschmecken.

TIPP: *Durch mehrfaches Degraissieren† wird die Wildsuppe schön klar.*

Das restliche Wildfleisch vom Knochen lösen und das Fleisch in einer Schale mit einem Gewicht sehr kräftig pressen.
Das Wildfleisch kann später als zusätzliche Einlage oder für einen Salat verwendet werden.

Alle Gewürze mit dem Mörser feinstoßen, dann in einen Teebeutel füllen und mit einem Bindfaden verschließen.

TIPP: *Den Gewürzbeutel erst 1 Stunde vor Fertigstellung dazugeben. Dadurch bekommt die Suppe eine bessere und frischere Würze.*

Das Hähnchenfleisch fein würfeln und eiskalt halten. Dann salzen und mit der eiskalten Sahne nach und nach im Cutter zerkleinern. Anschließend in eine Schüssel geben, die auf Eiswürfel gesetzt wird, und mit Pfeffer, etwas Cayennepfeffer und geriebener Zitronenschale würzen. Kleine Nocken formen. Die Geflügelklößchen in Salzwasser kurz bei 90° C 2 bis 3 Minuten ziehen lassen.

TIPP: *Wenn die Farce gut gelungen ist, kann man mindestens 10 % mehr Sahne unterarbeiten.*

ANRICHTEN:
Die Geflügelklößchen auf vorgewärmte Teller geben.
Mit Wildsuppe auffüllen und servieren.

REZEPT FÜR 4 PERSONEN

FOND
1 kg Wildhesse mit Knochen (in Scheiben geschnitten)
100 g Zwiebel
2 Knoblauchzehen
240 g Bio-Gemüse (je 80 g Sellerieknolle, Lauch, Möhren)
20 g Kräuterstiele (Petersilie oder Kerbel)
1,5 l Wasser
20 g frische Pilzabschnitte z. B. Egerlinge, Steinpilze
5 g getrocknete Herbsttrompeten

GEWÜRZSÄCKCHEN
1/2 TL Kreuzkümmel
2 Nelken
3 Pimentkörner
2 Lorbeerblätter
2 Wacholderbeeren
1/2 TL Korianderkörner
1 TL Bohnenkraut
Zitronenschale von 1/8 Bio-Zitrone
1/4 TL Rosmarin
4 schwarze Pfefferkörner
1 TL Madras-Currypulver

GEFLÜGELKLÖSSCHEN
250 g Bio-Hähnchenfleisch
250 g Bio-Sahne
7,5 g Salz
30 g bis 50 g Bio-Sahne zusätzlich etwas geriebene Zitronenschale
etwas Cayennepfeffer
Pfeffer aus der Mühle

EINLAGE
Geflügelklößchen

KOCH & BERGFELD
KOCH & BERGFELD

ISLÄNDISCHE TERRINE
MIT ARTIC CHAR UND RÄUCHERMOUSSE AN SÜSSSAURER HONIG-SENF-SAUCE

Die Gemüse in feine Würfel schneiden und gar blanchieren.
Den Kerbel waschen, abtropfen, zupfen und fein schneiden.
Aus dem Artic-Char-Filet einen Kern in der Länge von 28 cm und mit einem Durchmesser von 1,5 cm schneiden. Diesen Kern mit Räuchersalz und etwas Zucker 12 Stunden marinieren.
Eine Folie im Rechteck in eine Terrinenform (Größe: ca. 5 bis 8 cm hoch und 28 cm lang) legen und an den Rändern in der Höhe jeweils 10 cm überstehen lassen.
Die Folie aus der Terrinenform nehmen und auf der Arbeitsfläche ausbreiten.
Das Artic-Char-Filet (eine Menge von ca. 320 g) mit einem Messer in dünne Scheiben schneiden und auf die Folie legen.
Dabei darauf achten, dass später die gesamte Unterseite der Terrine mit Artic Char geschlossen werden kann.
Mit Räuchersalz und Pfeffer würzen und anschließend mit der Folie in die Terrinenform legen.
Den restlichen Teil des Artic Chars in Würfel schneiden.

Die Gelatine einweichen und im erhitzten Räucherfischfond auflösen.
Die Masse abkühlen lassen, mit Salz, Pfeffer und Kräutern abschmecken.
Kurz bevor die Masse stockt, den Artic Char, die Gemüsewürfel und den Kerbel dazugeben. Danach die geschlagene Sahne vorsichtig unterheben.
Die ausgelegte Terrinenform mit einer Schicht Räuchermousse befüllen.
Dann den Lachskern einlegen und mit Räuchermousse bedecken.
Die Seitenenden der Scheiben einklappen und das Räuchermousse damit völlig abdecken.
Dann leicht pressen und 6 bis 8 Stunden kalt stellen.
Empfehlung: Einen Tag vorher zubereiten.

TIPP: *Anstatt der Gemüsewürfel können auch Räucherfischwürfel verwendet werden.*

Den Dill waschen, abtropfen und von den Stielen befreien.
Dann 40 Dill-Bouquets zupfen und den restlichen Teil fein schneiden.
Bio-Butter, Bio-Sonnenblumenöl, Bio-Essig und Bio-Rapshonig leicht erwärmen. Zum Schluss den geschnittenen Dill und Senf dazugeben.
Alles gut vermengen, mit Salz und frischem Pfeffer abschmecken.
Lauwarm servieren.

ANRICHTEN:
Mit Dillfäden oder mit Kresse garnieren und mit geriebenem Meerrettich servieren.

REZEPT FÜR 10 PERSONEN

ARTIC CHAR MIT RÄUCHERMOUSSE
800 g Artic-Char-Filet
oder Meerforelle
6 g Räuchersalz
6 g Zucker
125 g Räucherfischfond
oder alternativ:
Fischfond mit Räuchersalz
8 Blatt Gelatine
100 g Gemüsewürfel
(Sellerie, Möhren, Lauch)
125 g geschlagene Sahne
1/4 Bund geschnittener Kerbel
Salz
Pfeffer aus der Mühle

HONIG-SENF-SAUCE
30 g Bio-Sonnenblumenöl
30 g Bio-Butter
30 g Bio-Senf
20 g Bio-Rapshonig
10 g Essig 5 %
1/2 Bund Dill

GARNITUR
50 g frisch geriebener Meerrettich

KOPFSALAT

MIT GEBRATENEN SARDINEN, RADIESCHEN UND SARDELLEN IN ROTWEINESSIGMARINADE

Die Sardinenfilets mit Salz und Pfeffer würzen. Trocken tupfen und in einer Pfanne kurz von beiden Seiten in Rapsöl braten. Herausnehmen und warmstellen.

Die Radieschen putzen und 2 cm vom Grün stehen lassen. Waschen, abtropfen und jeweils in vier Scheiben schneiden. Dabei beachten, dass man den Querschnitt sieht.
Die Schalotten schälen und in feine Würfel schneiden.
Die Kapern fein schneiden.

Aus Rotweinessig, Zucker, Olivenöl, Schalotten und Kapern eine Marinade herstellen.

Vom Kopfsalat die äußeren Blätter entfernen, waschen und abtropfen lassen.
Dann vierteln und die Spitze des Strunks abschneiden.
Kurz vor dem Servieren mit etwas Marinade vorwürzen.

ANRICHTEN:
Marinierten Kopfsalat auf die Teller verteilen.
Die gebratenen Sardinenfilets anlegen und mit Radieschenscheiben und Sardellenfilets anrichten.
Zuletzt mit der restlichen Marinade nappieren⚓.

REZEPT FÜR 4 PERSONEN

SARDINEN
20 Sardinenfilets
60 g Bio-Rapsöl
Salz
Pfeffer aus der Mühle

LATTICHSALAT
2 Köpfe Kopfsalat a 250 g
2 kleine Schalotten
10 g Kapern
50 g Rotweinessig
100 g Bio-Olivenöl
20 g Zucker
12 Radieschen mit Grün
12 Sardellenfilets

LATTICHSALAT »THERESIA«
MIT TÖRTCHEN VON ROQUEFORT UND PORTWEINGELEE

Den Lattich- oder Römersalat putzen, waschen und gut abtropfen. Für jede Person jeweils 2 bis 3 schöne Blätter zum Garnieren aussuchen und beiseite legen.
Den restlichen Salat grob schneiden.
Die Schalotten schälen und fein würfeln.
Aus Schalottenwürfeln, Balsamico-Essig, Haselnussöl, Salz, Pfeffer und Senf eine Vinaigrette herstellen.
Den Römersalat damit marinieren.

100 g Roquefort und 100 g Frischkäse in der Rührmaschine aufschlagen und in einen Spritzbeutel mit großer Lochtülle einfüllen. 50 g Roquefort in ca. 8 x 8 mm große Stücke brechen und beiseite legen.

Den Portwein fast sirupartig reduzieren.
Dann Sauerkirschgelee zugeben und auflösen. Das Ganze kalt rühren und in eine Spritzflasche füllen.

Butter in feine Würfel schneiden.
Mehl, Zucker, Salz und Eigelb mit den kalten Butterwürfeln zu einem glatten Teig verkneten.
Dann in Folie einschlagen und 3 bis 4 Stunden ruhen lassen.
Den Teig dünn ausrollen, in Tarteletteformen legen, andrücken und den Rand mit einem Messer abschneiden.
Hülsenfrüchte einfüllen und ca. 10 Minuten bei 200° C blind ausbacken.

TIPP: *Die Tartelettes mit etwas Kuvertüre ausstreichen, dann kann das Gericht schon etwas früher vorbereitet werden und der Mürbeteig wird nicht durchnässt.*

ANRICHTEN:
Die Tartelettes mit den marinierten Salatblättern auslegen.
Dann den geschnittenen Salat darauf geben und die Roquefortcréme mit einem Spritzbeutel aufdressieren⚓.
Die Roquefortwürfel darüber streuen und mit Portweingelee garnieren.

REZEPT FÜR 4 PERSONEN

LATTICHSALAT THERESIA
250 g Lattichsalat
oder Römersalat
35 g weißer Balsamico Essig
60 g Haselnussöl
1 Schalotte
1/2 TL scharfer Senf
Salz
Pfeffer aus der Mühle
4 Tartelettes a 30 g
(Durchmesser 10 cm x 1 cm Höhe)
etwas weiße Kuvertüre

ROQUEFORT CREME
150 g Roquefort
100 g Frischkäse

PORTWEINGELEE
150 ml Portwein
40 g Sauerkirschgelee

TARTELETTES
160 g Mehl
110 g Bio-Butter
1 Bio-Eigelb Größe S
15 g Zucker
4 g Salz

GARNITUR
Roquefort
Portweingelee

Festmahl
Bord der „Victoria Luise“
anläßlich der
Segel-Regatta
auf der Unterelbe
am 24. Juni 1913.

FESTMAHL AN BORD DER »VICTORIA LUISE«

ANLÄSSLICH DER SEGELREGATTA AUF DER UNTERELBE, 24. JUNI 1913

Die HAPAG ließ 1911 ihren elf Jahre zuvor in Dienst gestellten Schnelldampfer »Deutschland« zum größten Kreuzfahrtschiff der Welt umbauen.
Damit war auch eine Namensänderung verbunden: Das Schiff hieß nun »Victoria Luise«.

Die »Deutschland« hatte dreimal das berühmte »Blaue Band« für die schnellste Transatlantik-Passage errungen. Allerdings war sie ein Kohlenfresser und bei hohen Fahrstufen traten schwere Vibrationen auf, was ihr den Beinamen »cocktail shaker« einbrachte.
Bei der Stettiner Vulcan Werft wurde die Maschinenanlage gedrosselt, die Kabinen erhielten Kreuzfahrtstandard und der Rumpf bekam einen schneeweißen Anstrich. Im September 1911 ging die »Victoria Luise« zum ersten Mal auf Reisen.

Albert Ballin erkannte in den großen Segelregatten, wie der Kieler Woche oder der Regatta auf der Unterelbe, gesellschaftspolitische Ereignisse von hoher Bedeutung und betrieb für das Rahmenprogramm einen immensen Aufwand.
Die HAPAG lud Vertreter der Wirtschaft aus dem In- und Ausland ein, wobei ein »rencontre« mit dem segelsportbegeisterten Kaiser stets eine besondere Ehre für den handverlesenen Personenkreis darstellte. Um diesen Treffen einen passenden Rahmen zu verleihen, entsandte Albert Ballin seine schwimmenden Luxushotels nach Kiel und an die Unterelbe. Auf ihnen kehrten die illustren Gäste dann zum Festmahl ein. Zu diesen Gästen gehörte im Juni 1913 auch Dr. Ehlers; vermutlich der Geheime Baurat Paul Ehlers, ein renommierter deutscher Wasserbauingenieur.

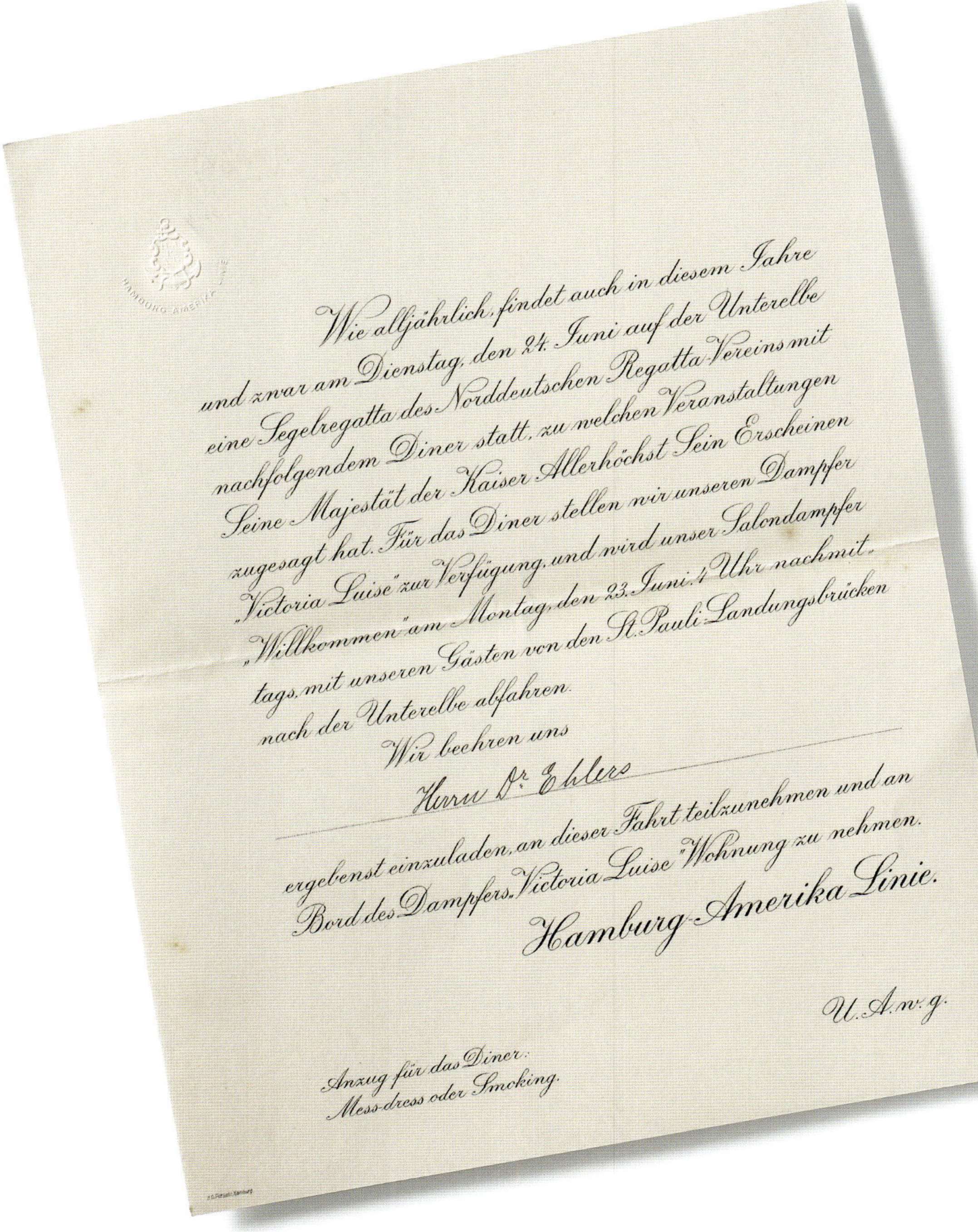

Wie alljährlich, findet auch in diesem Jahre
und zwar am Dienstag, den 24. Juni auf der Unterelbe
eine Segelregatta des Norddeutschen Regatta Vereins mit
nachfolgendem Diner statt, zu welchen Veranstaltungen
Seine Majestät der Kaiser Allerhöchst Sein Erscheinen
zugesagt hat. Für das Diner stellen wir unseren Dampfer
„Victoria Luise" zur Verfügung, und wird unser Salondampfer
„Willkommen" am Montag, den 23. Juni, 4 Uhr nachmit-
tags, mit unseren Gästen von den St. Pauli Landungsbrücken
nach der Unterelbe abfahren.

Wir beehren uns

Herrn Dr. Ehlers

ergebenst einzuladen, an dieser Fahrt teilzunehmen und an
Bord des Dampfers „Victoria Luise" Wohnung zu nehmen.

Hamburg-Amerika Linie.

U. A. w. g.

Anzug für das Diner:
Mess-dress oder Smoking.

Damals wie heute werden große Segelleistungen mit Trophäen namhafter Manufakturen ausgezeichnet.
In der Vergangenheit wurden diese gern von hochrangigen Persönlichkeiten gestiftet, wie dieser Pokal um 1900 vom Rumänischen König Carol I an den Kaiserlichen Yacht-Club in Kiel (K.Y.C). Auf der Vorderseite ziert die Flagge des Kaiserlichen Yacht Clubs den Pokal, auf der Rückseite hat sich Carol I mit den Initialien eines von ihm gestifteten Ordens »verewigt«.

Bei dieser Kratervase handelt es sich um einen wahren Klassiker, denn die Erstausformung erfolgte bereits 1799 nach einem Entwurf von Friedrich Riese in der Königlichen Porzellan-Manufaktur Berlin.
Benannt ist sie nach Graf von Reden, der unter Friedrich Wilhelm II in der Manufakturkommission tätig war.
Bis heute wird die »Redensche Kratervase« bei KPM in Originalform gefertigt und modern interpretiert.

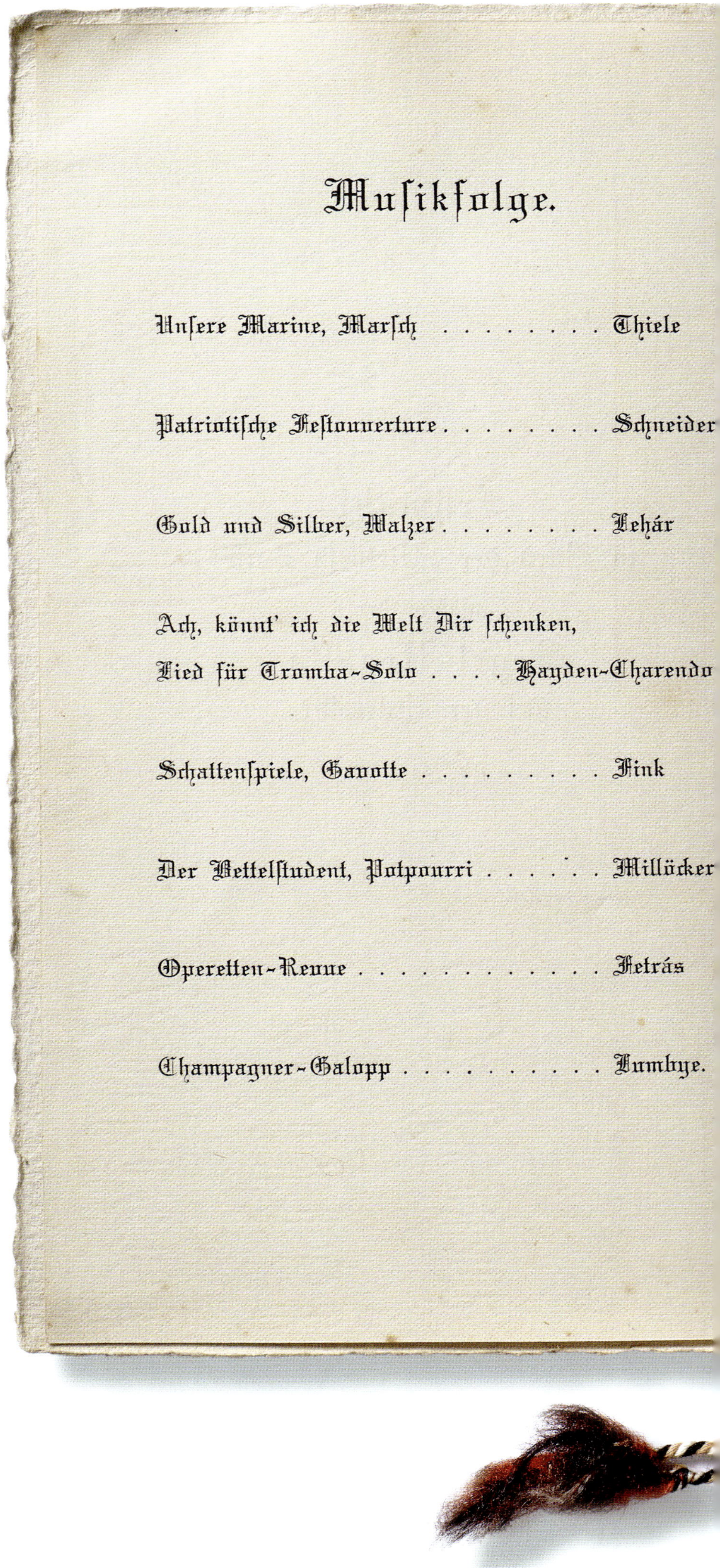

Musikfolge.

Unsere Marine, Marsch . . . . Thiele

Patriotische Festouverture . . . . Schneider

Gold und Silber, Walzer . . . . Lehár

Ach, könnt' ich die Welt Dir schenken,
Lied für Tromba-Solo . . . . Hayden-Charendo

Schattenspiele, Gavotte . . . . Fink

Der Bettelstudent, Potpourri . . . . . . Millöcker

Operetten-Revue . . . . Fetrás

Champagner-Galopp . . . . Lumbye.

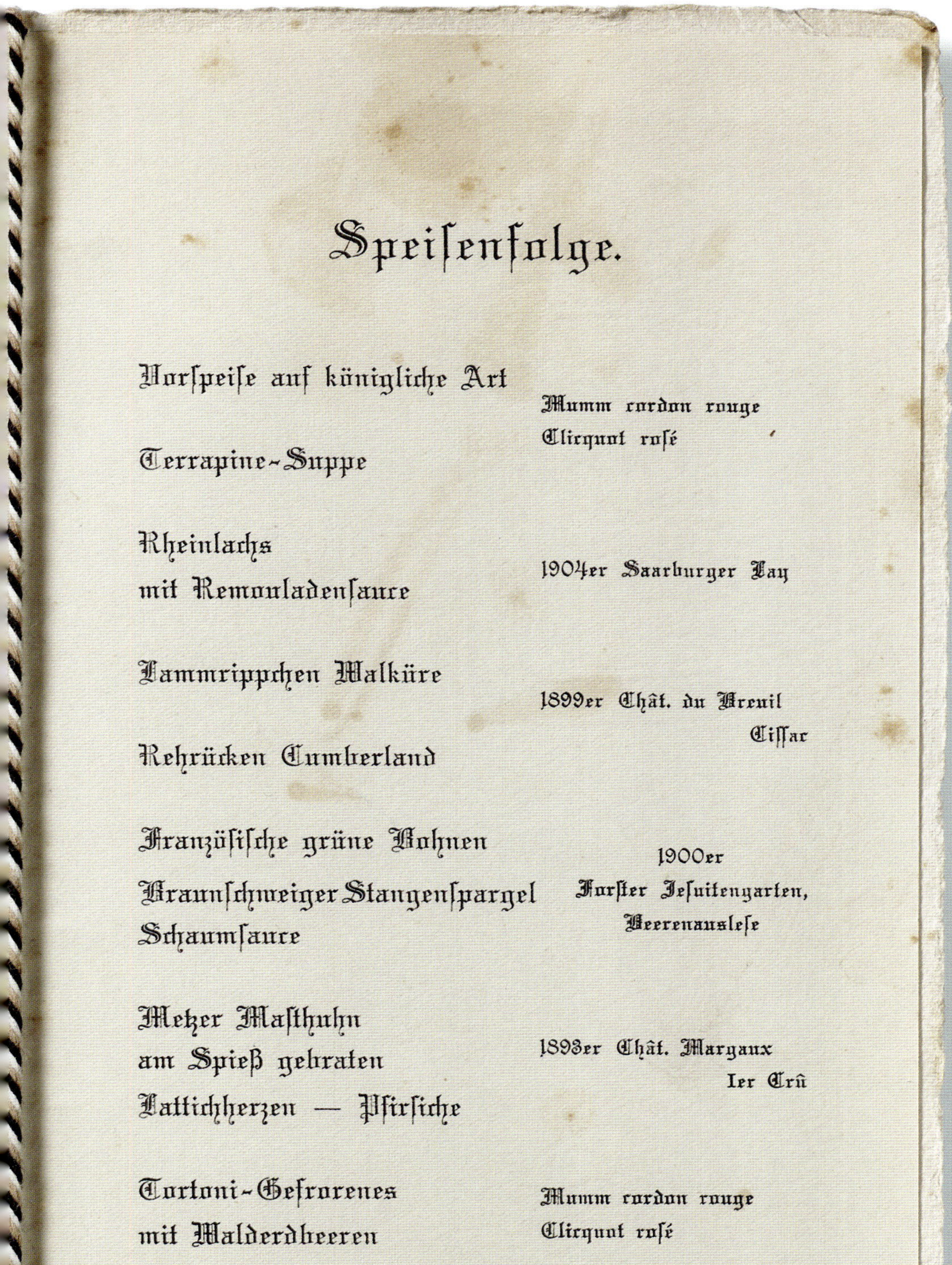

Speisenfolge.

Vorspeise auf königliche Art	Mumm cordon rouge Clicquot rosé
Terrapine-Suppe	
Rheinlachs mit Remouladensauce	1904er Saarburger Lay
Lammrippchen Walküre	1899er Chât. du Breuil Cissac
Rehrücken Cumberland	
Französische grüne Bohnen Braunschweiger Stangenspargel Schaumsauce	1900er Forster Jesuitengarten, Beerenauslese
Metzer Masthuhn am Spieß gebraten Lattichherzen — Pfirsiche	1893er Chât. Margaux 1er Crû
Tortoni-Gefrorenes mit Walderdbeeren	Mumm cordon rouge Clicquot rosé

Nachtisch.

WEISSER BIO-SPARGEL
GEDÄMPFT UND GEBRATEN MIT SCHNEIDEBOHNEN, BOHNENKRAUT UND SPARGELSCHAUM

Den weißen Stangenspargel schälen und schräg auf 19 cm Länge am Ende abschneiden. Aus den Spargelschalen und Abschnitten einen Spargelfond (ca. 100 ml) herstellen. Spargelfond sehr kurz halten, um einen intensiven Geschmack zu erhalten.
12 Spargelstangen mit etwas Wasser, Butter und Salz ca. 6 bis 7 Minuten auf den Punkt garen. Herausnehmen und warm stellen.
Die anderen 12 Spargelstangen mit etwas Butter in einer Pfanne ca. 6 bis 7 Minuten leicht anbraten und fertig garen.

TIPP: *Bei einer größeren Menge können die Spargelstangen auch auf einem Backblech im Ofen gegart werden.*

Das Bohnenkraut waschen und abtropfen. Acht Bouquets zupfen, den restlichen Teil fein schneiden. Die Schneidebohnen waschen, putzen und abtrocknen. Dann auf 8 cm Länge portionieren und diese längs in Streifen schneiden. Die Schalotten fein würfeln und in Butter anschwitzen. Die Schneidebohnen zugeben. Mit Salz und Pfeffer würzen.
Etwas Wasser angießen, abdecken und bei mittlerer Hitze 4 bis 5 Minuten garen. Zuletzt das Bohnenkraut zugeben.

Verschiedene Schnittvarianten für Bohnen

TIPP: *Die Schneidebohnen mit wenig Flüssigkeit gar dünsten, da der Geschmack dadurch intensiver bleibt. Zum Schluss sollte die ganze Flüssigkeit verdunstet sein.*

Spargelfond mit der Milch verkochen und mit Salz und Cayennepfeffer abschmecken. Mit einem Pürierstab stark aufschäumen und servieren.

Die Bio-Kartoffeln waschen, abtrocknen und mit einem Lurch in Spiralen schneiden. In einem hohen Gefäß die Kartoffeln in kleinen Mengen bei 170° C in Rapsöl ausbacken und würzen.

ANRICHTEN:
Die Schneidebohnen und Spargelstangen auf die vorgewärmten Teller arrangieren. Mit den gebackenen Kartoffelspiralen anrichten und den Spargelschaum über die Spargelstangen geben.
Mit Bohnenkraut-Bouquets garnieren.

REZEPT FÜR 4 PERSONEN

SPARGEL
24 Stangen weißer Bio-Spargel (von Cassenshof, Lüneburger Heide)
80 g Bio-Butter

SCHNEIDEBOHNEN
400 g Schneidebohnen
2 Schalotten
60 g Bio-Butter
1/4 Bund Bohnenkraut
Salz
Pfeffer aus der Mühle

SPARGELSCHAUM
100 ml Spargelfond
100 ml Bio-Vollmilch
1 Msp Cayennepfeffer

KARTOFFELSPIRALEN
200 g Bio-Kartoffeln
200 g Bio-Rapsöl

GARNITUR
8 Bohnenkraut-Bouquets

SATÉ VON DER MAISPOULARDENBRUST
MIT PFIRISCH-CHUTNEY

Von den Poulardenbrüsten den Flügelknochen ablösen und die Haut abziehen. Die Haut in einer Pfanne mit Butter von beiden Seiten kross braten und warmstellen.

Die Poulardenbrüste schräg aufschneiden und auf 16 Spieße stecken. Das Poulardenfleisch mit Salz und Pfeffer würzen und mit der Marinade bestreichen.
Auf einem Grillrost oder in einer Pfanne garen.

Für die Marinade Wasser, Knoblauch, Chilischote, Sojasauce, Oystersauce, rosa Ingwer, grünen Curry, Kurkuma und Tandooripaste mit der Erdnusspaste fein pürieren.

Zuletzt das Öl nach und nach zugeben, so dass eine cremige Konsistenz entsteht.

Die Pfirsiche blanchieren und abschrecken. Die Haut abziehen, entkernen und das Pfirsichfleisch in 1 cm große Würfel schneiden. Die Schalotten schälen und fein würfeln. Den Knoblauch und die Chilischote fein schneiden, den rosa Ingwer fein würfeln.
In einer Sauteuse[‡] die Schalottenwürfel bei kleiner Hitze in Öl anschwitzen. Knoblauch, Chilischoten, Senfkörner, Zitronensaft und rosa Ingwer zugeben.
Alles ca. 15 Minuten garen.
Danach die Pfirsichwürfel und den Gelierzucker zugeben und ca. weitere 15 Minuten garen.
Zuletzt alles mit Senfpulver, Zitronenabrieb, Muskatnuss, Cayennepfeffer und Essigessenz abschmecken.
Sofort in Twist-off-Gläser geben und schnell abkühlen lassen.

TIPP: *Das Pfirsich-Chutney kann sehr gut vorbereitet und in Twist-off-Gläsern aufbewahrt werden.*

Wenn die Zutaten verdoppelt werden, erhält man ca. 250 g Chutney.

ANRICHTEN:
Die Poulardenspieße auf vorgewärmte Teller legen und mit Pfirsich-Chutney anrichten.
Die krosse Poulardenhaut dazugeben.
Dazu kann helles Brot gereicht werden.

REZEPT FÜR 4 PERSONEN

POULARDENSPIESS
4 Bio-Poulardenbrüste à 180 g
etwas Bio-Butter
Salz
Pfeffer aus der Mühle

MARINADE FÜR SPIESSE
3 EL Wasser
2 g Knoblauch
1/5 Chilischote
1 TL Sojasauce
1 TL Oystersauce
2 g rosa Ingwer
1 Msp grüner Curry
1/2 EL Tandooripaste
1 Msp Kurkuma
2 EL Erdnussbutter
4 EL Bio-Sonnenblumenöl

PFIRSICH-CHUTNEY
4 kleine vollreife Pfirsiche
2 Schalotten
10 g Bio-Sonnenblumenöl
20 g Zitronensaft
3/4 EL Senfkörner
1/2 Knoblauchzehe
1/4 Chilischote
8 g rosa Ingwer
40 g Gelierzucker
1 g Senfpulver
Zitronenabrieb von 1/8 Bio-Zitrone
4 g Essigessenz
etwas Muskatnuss
etwas Cayennepfeffer

GARNITUR
4 x krosse Poulardenhaut

TORTONIS ERDBEEREIS
AUF GEFLÄMMTEM BAISER MIT WALDERDBEEREN

Die Walderdbeeren vorsichtig säubern und putzen.
Anschließend mit gesiebtem Puderzucker bestäuben.

Die geputzten Erdbeeren mit dem Puderzucker vermengen und im Tiefkühlschrank gut anfrieren lassen.
Die gefrorenen, gezuckerten Erdbeeren mit der Sahne in einem Küchencutter zerkleinern.

TIPP: *Wenn statt Puderzucker grober Rohrzucker verwendet wird, hat man zusätzlich den Genuss von Zuckerkristallen, die sich auflösen.*

TIPP: *Die Zugabe von etwas Peta Zeta lässt das Eis prickeln.*

TIPP: *Zum Aromatisieren kann zusätzlich noch etwas Orangenlikör an die gefrorenen Erdbeeren gegeben werden.*

Die Zitrone kurz abbrausen und abtrocknen.
Den Abrieb der Schale beiseite stellen und den Saft auspressen.
Das Eiweiß mit dem Zucker aufschlagen.
Den Quark mit dem Zitronensaft und der geriebenen Zitronenschale abschmecken. Zum Schluss das geschlagene Eiweiß unterheben.

ANRICHTEN:
Baisermasse in einem Bogen auf die Teller streichen und mit einem Flambierbrenner gratinieren.
Die marinierten Walderdbeeren auf die Teller verteilen.
Das Erdbeereis auf den Baiserbogen setzen und mit Minzeblättern garnieren.

REZEPT FÜR4 PERSONEN

200 g Walderdbeeren
10 g Puderzucker

ERDBEEREIS
250 g Erdbeeren
100 g Puderzucker
50 g Bio-Sahne
etwas Peta Zeta

GEFLÄMMTER BAISER
2 Bio-Eiweiß
50 g Zucker
50 g Bio-Quark 40 %
1 Bio-Zitrone

GARNITUR
24 Minzeblätter

DAS BERÜHMTE CAFÉ

Das Café-Restaurant Tortoni gehörte in Paris zu den beliebtesten Treffpunkten der intellektuellen Szene.
1798 gründete der italienische Eiskonditor Velloni das Café und übergab dieses später an Giuseppe Tortoni, dessen Familie es über drei Generationen bis zum Ende des 19. Jahrhunderts fortführte. Das Tortoni gilt als das erste Eiscafé in Paris und wurde mit seinen Eisspezialitäten über die Grenzen hinaus bekannt.
Hier gingen Politiker, Schriftsteller, Künstler und internationale Gäste ein und aus. Auch der preußische Ministerpräsident Otto von Bismarck war Gast im Tortoni.

ÄQUATORFEST
KARBERG
DEUTSCHE AFRIKA-LINIEN

ÄQUATORTAUFE AN BORD DER P. D. »PRETORIA« MIT KOSTÜMFEST,

DEUTSCHE AFRIKA-LINIEN, 29. JULI 1938

Das Passagierschiff wurde im Dezember 1936 von Blohm & Voss fertiggestellt und im Liniendienst nach Südafrika eingesetzt. Die Route führte von Hamburg über Rotterdam, Southampton, Las Palmas, Walvisbay, Kapstadt, Port Elizabeth, East London, Durban bis nach Lourenco Marques oder Beira und wieder zurück. Bei einer Gesamtreisezeit von ungefähr 64 Tagen war die Äquatortaufe eine willkommene Abwechslung. Bei diesem Ritual werden diejenigen Passagiere, die zum ersten Mal den Äquator überqueren, vom »Schmutz« jeweils der Nord- oder Südhalbkugel gereinigt und erhalten einen neuen Namen mit maritimem Bezug. Auf ihrer Reise mit der »Pretoria« im Sommer 1938 begaben sich die Passagiere nach der Taufe zum Dinner und zum anschließenden Kostümfest.

Dieses Ritual ziert auch die Speisekarte, die von Bruno Karberg (1896–1967) aus Hamburg gestaltet wurde. Er galt seit den 20er-Jahren als einer der führenden Werbegrafiker in der Hansestadt. Im Auftrag des Hamburger Senats gestaltete er 1923 die Hamburger Staatsflagge und das große, mittlere und kleine Hamburger Staatswappen. In den darauf folgenden Jahren wurden viele renommierte Unternehmen der Wirtschaft von ihm grafisch betreut.

Hauptmahlzeit

nach Wahl – 18 Uhr

Geeiste Kraftbrühe
Kraftbrühe mit Eierfäden
Geflügelkremsuppe mit Leberklößchen

Gebratener Merlan, Kartoffelsalat

Hirschkeule, Maronenmus, Pilztunke

Salz- und Schmorkartoffeln
Rosenkohl, Spaghetti mit Tomatenmark

Kopfsalat

Birnen-Kompott

Nuß-Eis mit Waffeln

Käseplatte

Kanarische Bananen
Südafrikanische Apfelsinen

Mokka
(wird in der Halle und im Rauchzimmer gereicht)

◆

Bitte wenden!

P.-D. „PRETORIA" – Freitag, den 29. Juli 1938

Dinner

à la carte – 6 p.m.

Chilled Clear Soup
Consommé Xavier
Chicken Cream Soup with Liver Dumplings

Fried Merlan, Potato Salad

Leg of Deer, Mashed Chestnuts, Mushroom Sauce

Boiled and Braised Potatoes

Brussels Sprouts, Tomato Spaghetti

Lettuce

Compote of Pears

Nut Ice with Wafers

Cheese

Canary Bananas
South-African Oranges

Mocha
(will be served in the Lounge and Smoking Room)

◆

P. t. o.

GEBRATENER MERLAN
AUF BIO-KARTOFFELSALAT MIT LEICHTER SENF-VINAIGRETTE

Die Merlanfilets mit Limettensaft, Salz und Pfeffer würzen und abtropfen lassen. In einer Pfanne mit Rapsöl bei mittlerer Temperatur (ca. 190 bis 200° C) auf der Innenseite anbraten und dann auf der Hautseite zügig kross braten.

TIPP: *Die Merlanfilets sind sehr dünn – daher kurz und kross braten.*

Die Kartoffeln kochen, pellen und in gefällige Stücke schneiden.
Die Schalotten schälen und fein würfeln.
Die Fleischtomaten abziehen, entkernen und in Blumenform zum Garnieren ausstechen, den restlichen Teil würfeln und mit Salz und Pfeffer würzen.
Die Salatgurke ebenfalls in Würfel schneiden und mit Salz und Pfeffer würzen.

Die Schalottenwürfel mit Sonnenblumenöl in einer Sauteuse⚓ anschwitzen.
Den Gemüsefond und Balsamico-Essig zugeben, aufkochen.
Die geschnittenen Pellkartoffeln in den Fond geben.
Durchschwenken, mit Salz und Pfeffer würzen.
Das Ganze etwa eine Stunde ziehen lassen.
Zuletzt die Gurkenwürfel, Tomatenwürfel, Olivenöl und den Senf zugeben, alles vermengen und nochmals abschmecken.

ANRICHTEN:
Den Kartoffelsalat auf die Teller verteilen und mit den gebratenen Merlanfilets anrichten.
Mit Schnittlauchkresse und Tomatenblumen garnieren.

REZEPT FÜR 4 PERSONEN

MERLAN
4 Stück Merlanfilet à 80 bis 90 g
Alternativ:
Skrei, Schellfisch, Rote Meerbarben
1 Limette
60 g Bio-Rapsöl
Salz
Pfeffer aus der Mühle

BIO-KARTOFFELSALAT
500 g Bio-Pellkartoffeln »Linda«
2 Schalotten
20 g Bio-Sonnenblumenöl
100 g Bio-Gemüsefond
30 g weißer Balsamico-Essig
60 g Bio-Olivenöl
30 g Senf
2 Bio-Fleischtomaten
1/2 Bio-Salatgurke (ca. 250 g)
Salz
Pfeffer aus der Mühle

GARNITUR
1 Lage Schnittlauchkresse

KOCH & BERGFELD

HOLSTEINER DAMWILDKEULE
MIT GEBRATENEN STEINPILZEN UND SELLERIEPÜREE

Die Damwildkeule auslösen und mit einem Faden binden.
Die gebundene Damwildkeule in einem Bräter mit etwas Butter und Wacholderbeeren anbraten, dann in den Ofen geben und mit einem Kerntemperaturmesser bei 130° C auf 52° C rosa braten.
Herausnehmen und 20 Minuten ruhen lassen.
Anschließend mit etwas Flüssigkeit ablöschen und den Fond für die Sauce nehmen.
Vor dem Servieren die Damwildkeule nochmals 5 Minuten in den auf 220° C vorgeheizten Ofen geben.

Die Wildknochen einmal im heißen Wasser überwallen, dann abschütten und auf einem Backblech im Ofen anrösten.
Anschließend die Knochen in einem Topf mit Speck anbraten, das mittelfein gewürfelte Röstgemüse hinzugeben und mit Tomatenmark anrösten. Die Kräuter zugeben und in kurzen Abständen immer wieder mit Rotwein ablöschen.
Das Ganze in einen schlanken, hohen Topf geben (damit so wenig Flüssigkeit wie möglich benötigt wird) und mit Wasser auffüllen.
Ca. 4 bis 5 Std. mild köcheln lassen.
Den Fond durch ein Passiertuch gießen, auf 100 ml reduzieren und mit Sahne und Bratflüssigkeit verköcheln. Zum Schluss mixen.

Die Steinpilze mit einem feuchten Tuch putzen und die Stiele leicht nach unten abschälen. Dann in nicht zu feine Scheiben schneiden.
Die Schalotten schälen und fein würfeln.
Die Butter in einer Pfanne erhitzen, die geputzten Steinpilze zugeben und bei starker Hitze gut anbraten.
Mit Salz und Pfeffer würzen. Kurz bevor die Steinpilze gar sind, die Schalottenwürfel zugeben und kurz mitgaren.

Den Sellerie waschen, schälen und in 2 cm große Würfel schneiden. Sofort mit Zitronensaft marinieren.
Danach den Sellerie mit etwas Wasser in einem Topf mit Deckel ca. 15 Minuten gar dämpfen und anschließend in einem kleinen Standmixer nach und nach mit Sahne fein pürieren.
Das Ganze mit Salz, Muskatnuss und Pfeffer nochmals abschmecken.

TIPP: *Vor dem Mixen darf keine Flüssigkeit mehr vorhanden sein.*

ANRICHTEN:
Die gebratenen Steinpilze auf vorgewärmte Teller verteilen. Aufgeschnittene Scheiben von der Damwildkeule anlegen und das Selleriepüree in Nocken dazugeben. Zum Schluss mit Wacholderjus anrichten.

REZEPT FÜR 4 PERSONEN

DAMWILD
1,2 kg Damwildkeule
oder kleine Hirschschulter
40 g Bio-Butter
5 Wacholderbeeren
Salz
Pfeffer aus der Mühle

WACHOLDERJUS
400 g Wildknochen
50 g Speck
50 g Röstgemüse
(Möhre, Sellerieknolle, Lauch, Petersilienwurzel in kleinen Würfeln)
1 TL Tomatenmark
250 ml Rotwein
5 Wacholderbeeren
1 kleiner Rosmarinzweig
1 Lorbeerblatt
6 Pfefferkörner
200 ml Bio-Sahne

GEBRATENE STEINPILZE
500 g Steinpilze
2 Schalotten
80 g Bio-Butter

SELLERIEPÜREE
500 g Sellerie
(350 g netto)
1/2 Bio-Zitrone
50 g Bio-Sahne
Salz
Pfeffer aus der Mühle
etwas Muskatnuss

SPAGHETTINI
MIT BUNTEN KIRSCHTOMATEN, TOMBERRIES UND PARMESANCHIP

Die Spaghettini in Salzwasser al dente kochen.

Die Schalotten schälen und fein würfeln.
Knoblauchzehen pellen und in dünne Scheiben schneiden.
Die Chilischote fein hacken.
Die Tomberries waschen, abtropfen und die größeren halbieren.
Die bunten Kirschtomaten waschen, abtrocknen und quer halbieren.

Schalottenwürfel, Knoblauch und Chilischote in Olivenöl anschwitzen.
Erst die bunten Kirschtomaten, dann die Tomberry-Tomaten zugeben und kurz anschwitzen. Mit Salz und Pfeffer würzen.
Zuletzt die Spaghettini hinzufügen, alles durchschwenken und nochmals abschmecken.

Parmesan über eine runde Form in die Pfanne streuen.
Bei mittlerer Hitze goldgelb werden lassen, aus der Pfanne nehmen und über einen dickeren Kochlöffelstiel halbrund formen.

ANRICHTEN:
Die Spaghettini mit den Tomaten auf tiefe, vorgewärmte Teller verteilen.
Zum Schluss den frisch gehobelten Parmesan auf die Spaghettini geben und mit den gebackenen Parmesanchips garnieren.

TIPP: *Parmesanchips sind auch eine raffinierte Beilage zu Salaten.*

REZEPT FÜR 4 PERSONEN

SPAGHETTINI
200 g frische Spaghettini
(320 g gekocht)
60 g Bio-Olivenöl
4 Knoblauchzehen
2 mittelgroße Schalotten
1/2 Chilischote
120 g bunte Kirschtomaten
100 g gelbe Tomberry-Tomaten
100 g rote Tomberry-Tomaten
Salz
Pfeffer aus der Mühle

PARMESANCHIPS
50 g Parmesan fein gerieben

GARNITUR
4 Parmesanchips
20 g Parmesan grob gehobelt

BIRNENKOMPOTT UND HASELNUSSEIS

Die Zitronen kurz abbrausen, abtrocknen und fein abreiben. Den Abrieb beiseite stellen und die Zitrone auspressen.

Die Birnen vom oberen Drittel streifenweise schälen und den Blütenansatz entfernen. Dann mit Stielansatz in Spalten schneiden, tournieren⚓ und dabei das Kerngehäuse entfernen. Mit Rapshonig, Birnenschnaps und Zitronensaft marinieren.

TIPP: *Als Variante kann man die Birnen auch mit Rapshonig und Wasser kurz anschwitzen und mit Birnenschnaps flambieren. Wenn man vollreife Birnen verwendet und diese kalt mariniert, ist der Birnengeschmack noch intensiver.*

Die Vanillestange halbieren und auskratzen. Die geriebenen Haselnüsse mit der Vanillestange und Sahne aufkochen, abkühlen und ziehen lassen, damit sich das Nussaroma entfaltet. Danach durch ein feines Sieb passieren.

TIPP: *Die Sahne-Nuss-Masse einen halben Tag vorher zubereiten.*

Die Eigelbe mit dem Zucker aufschlagen. Die passierte Sahne-Nuss-Vanillemasse erhitzen und langsam unter die Eigelbe rühren. Es soll eine Temperatur von 78° C erreicht werden. Die Masse sofort abkühlen und in der Eismaschine frieren. Zum Schluss die karamellisierten Haselnüsse zugeben.

Den Zucker und das Wasser in einer Pfanne aufkochen. Die Haselnüsse zugeben und bei beständiger Hitze karamellisieren lassen. Kurz bevor die Haselnüsse fertig karamellisiert sind, die Butter zugeben. Die Haselnüsse auf Pergaminpapier abkühlen lassen und grob hacken.

ANRICHTEN:
Die Birnenspalten auf Teller anrichten und mit der Marinade beträufeln. Haselnusseis als Nocke oder Kugel anlegen.

TIPP: *Mit grob gehackten, karamellisierten Haselnüssen dekorieren.*

REZEPT FÜR 4 PERSONEN

BIRNENKOMPOTT
6 kleine vollreife Birnen
40 g Bio-Rapshonig
4 cl Birnenschnaps
1 Bio-Zitrone

HASELNUSSEIS
90 g geriebene Haselnüsse
300 ml Bio-Sahne
1/8 Vanillestange
90 g Bio-Eigelb
90 g Zucker

KARAMELLISIERTE HASELNÜSSE
60 g ganze, geschälte Haselnüsse
30 g Zucker
12 g Bio-Butter
1 Teelöffel Wasser

GARNITUR
Marinade
Grob gehackte, karamellisierte Haselnüsse

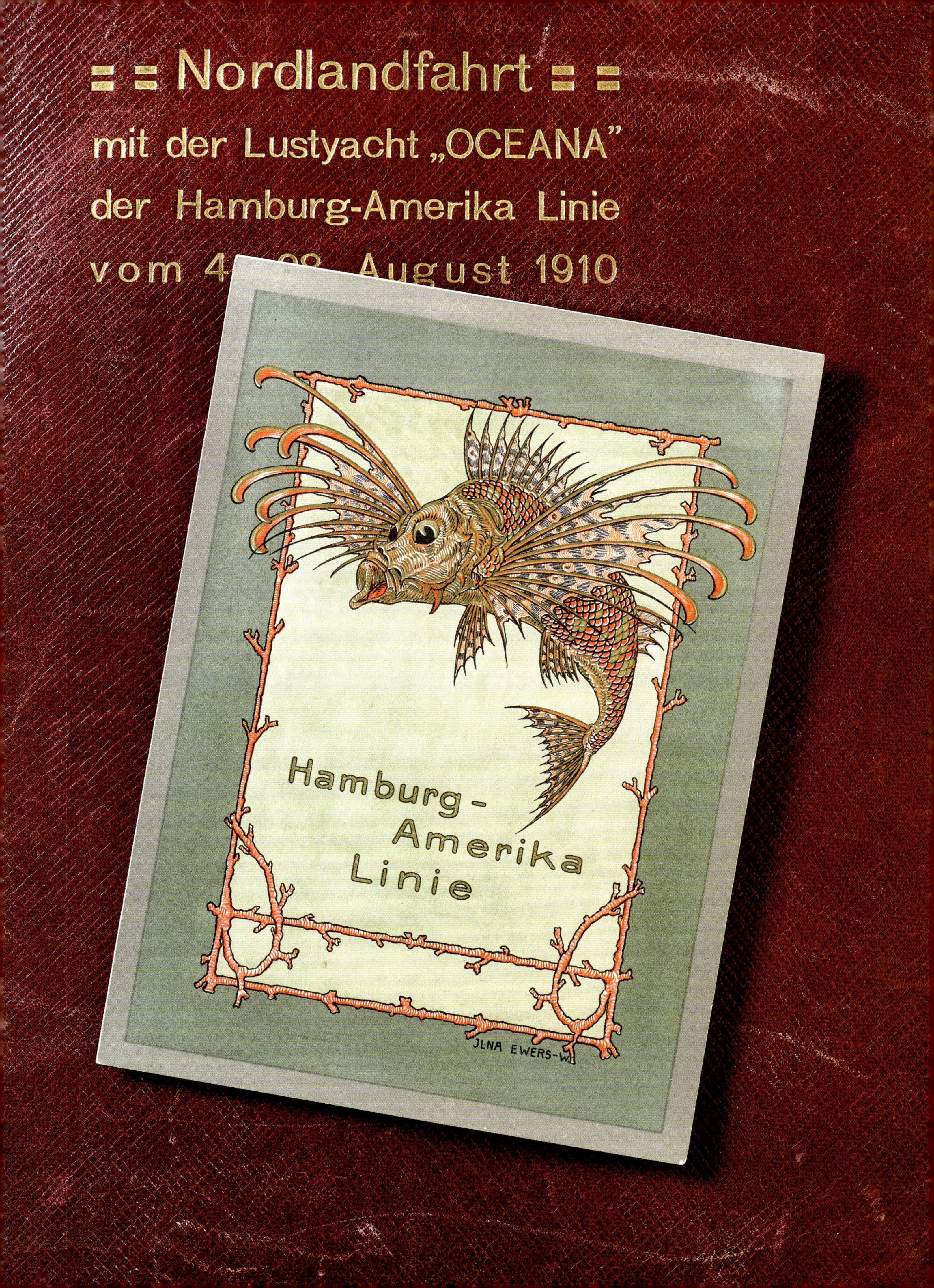

Nordlandfahrt
mit der Lustyacht „OCEANA"
der Hamburg-Amerika Linie
vom 4 August 1910
Hamburg-Amerika Linie
JLNA EWERS-W

NORDLANDFAHRT
AN BORD DER YACHT »OCEANA«, 14. AUGUST 1910

Nach umfangreichen Umbauarbeiten ergänzte 1906 die »Oceana« die Nordlandflotte der HAPAG.

Der Dampfer verfügt über prächtige Gesellschafts- und Unterkunftsräume, eine Turnhalle, ein sehr geräumiges Promenadendeck und zeichnet sich durch eine besonders große Anzahl von Einzelkammern für allein reisende Passagiere und manche andere Annehmlichkeit aus.
(Hapag-Prospekt für Nordlandfahrten 1907)

Für die Titel der Speisekarten und Veranstaltungsprogramme der Polar- und Äquatortaufen wählte die HAPAG Werke der Düsseldorfer Künstlerin Ilna Ewers-Wunderwald (1878–1957).
Häufig stellten diese in Mischtechnik gearbeiteten Bilder Fantasieabbildungen von Meerestieren dar, wie etwa der fliegende Fisch dieser Speisekarte mit dem Fantasie-Menü zur Polartaufe.

Die Reisen in Richtung Norden avancierten zu begehrten Zielen, da auch Kaiser Wilhelm II fast jeden Sommer auf Nordlandfahrt weilte. Der Yacht des Monarchen in Norwegens Fjorden zu begegnen, war der Höhepunkt einer jeden Reise, ebenso die Überquerung des Polarkreises und eine Polartaufe unter der Ägide des Meeresgottes Neptun.

Dieses Ritual gestaltete sich äquivalent zur Äquatortaufe. An Bord der »Oceana« wurde zur Reinigung der Täuflinge ein Bassin aufgestellt und nahezu alle Passagiere verfolgten die Taufzeremonie, die mit einer Taufurkunde bestätigt wurde.

Nach dem Taufspektakel wurden die Herrschaften zum Hauptmahl an Neptuns Tafel gebeten, mit einer Speisefolge und einem Konzertprogramm aus dem Reich der Fantasie.

KONZERT-PROGRAMM:

- *Der Überfall Neptuns mit Kanonenschüssen auf die »Oceana«, Marsch* — *Ungeheuer*
- *Ouverture z.Op. »Der Palmengarten, die Zukunft auf Spitzbergen«* — *Wahrhaftig*
- *Aufforderung zum »Tanz auf den zerschmolzenen Eisbergen«, Walzer* — *Isländer*
- *Eine Nottaufe der Ungläubigen, Solo für Nebelhorn, vorgetragen vom gesamten Matrosenchor, Ballade* — *Unikum*
- *Ein musikalisches Eskimo-Potpourri, auf Rentierhörnern geblasen* — *Wellmann*
- *Reykjaviker Ponny-Rennen, Galopp* — *Sturz*

rechts: Polartaufschein des Norddeutschen Lloyd »Prinz Friedrich Wilhelm«, 1914

E. L. Ostermayer München
Polartaufschein
Da muss ich doch mein Glas mal nehmen,
Aha! ein Schiff vom Lloyd aus Bremen!
Ihr Taufgehilfen, kommt gelaufen!
Die wolln nach altem Brauch wir taufen!
Bewahrt ihn wohl und rahmt ihn ein,
den „Nordpolarkreistaufeschein".
Und dass Jhrs auch beweisen Könnt,
Kriegt Jhr vom Lloyd dies Pergament.
Das hat Neptun auch froh getan
und zur Erinnerung daran
Schau, schau, was seh ich im Polarkreis?
grinst feucht-vergnügt der alte Haargreis
Dass
Herr
Felix Lorenz
Teilnehmer der Polarfahrt 1914
des Norddeutschen Lloyd an Bord des Doppelschraubendampfers
Prinz Friedrich Wilhelm den Polarkreis überschritten hat und von Uns
höchstselbst mit dem aus tiefstunserem Meeresgrund geschöpften
grünblauen Eismeerwasser nach allen Regeln der Polartaufkunst
gründlich getauft worden ist bestätigen Wir hiedurch feucht-fröhlich
Neptun
der alte Seegott
u. Meergreis

Yacht „Oceana“

Den 14. August 1910.

Haupt-Mahl.

Schneekakadu-Suppe mit isländischem Moos
Verdünnter Tran mit Möveneiern

Walfischschnitte nach Triton

Reykjaviker Ponnylende mit Adventbay-Kohlen
Eisbärzähne in Renntiermilch

Gebackene Seehundsflossen, Quallensauce

Gebratene Thorshavener Nebelkrähe
Saures Seegras Süsses Nordkapgeröll

Beerenberg-Auflauf, Eiszapfen

Seekuhkäse Elchbutter

Polarfrüchte aus Wellmanns Ruh'

Frau Neptuns brauner Seelenwärmer

Yacht „Oceana“

August 14, 1910.

Dinner.

Snow-Parrot Soup with Island Moss
Diluted Whale Oil with Gulls Eggs

Whale Steaks à la Triton

Reykjavik Loin of Pony with Advent Bay Coals
Polar Bear Teeth in Reindeer Milk

Baked Seal Flippers, Jelly Fish Sauce

Roast Thorshaven Fog Crow
Sour Seaweed North Cape Pepples

Beerenberg Soufflée, Icycles

Sea Cow Cheese Elck Butter

Polar Fruits of Wellmanns Rest

Mrs. Neptuns Brown Soulwarmer

FRITTIERTE SYLTER ALGEN
MIT ALGENSALAT, ENOKI-PILZEN UND WÜRZIGER SESAM-VINAIGRETTE

Die getrockneten Meeresalgen in Wasser einweichen, dann abtropfen. Die Queller Algen putzen, waschen und abtropfen. Die Sylter Algen in 170° C heißem Rapsöl ausbacken und warmstellen.

Die Reisnudeln in Salzwasser al dente kochen.

TIPP: *Die Reisnudeln zum Schluss zubereiten, da diese schnell weich werden.*

Die Queller Algen mit etwas Flüssigkeit in einer Sauteuse⚓ eine Minute erhitzen.
Dann die getrockneten Meeresalgen und den Wakame-Salat mit den gekochten Reisnudeln vermengen.
Ein Drittel der würzigen Sesam-Vinaigrette zugeben, das Ganze gut durchschwenken und anrichten.

TIPP: *Wenn man keine getrockneten Meeresalgen bekommt, nimmt man von einer anderen Sorte mehr.*

Die Schalotten schälen und fein würfeln. Den Knoblauch pellen und fein schneiden. Die Schalotten und den Knoblauch mit der Chilischote in Öl leicht anschwitzen und mit Hon-Mirin ablöschen. Die Hälfte der schwarzen Sesamkörner zugeben und etwas reduzieren lassen.
Dann Oystersauce, Sojasauce und geröstetes Sesamöl zugeben. Alles gut verrühren und kalt stellen.

ANRICHTEN:
Die gebackenen Sylter Algen auf vorgewärmte Teller geben.
Den Algensalat darauf anrichten und die Enoki-Pilze dazusetzen.
Das Ganze mit der würzigen Sesam-Vinaigrette nappieren⚓ und zuletzt mit schwarzen Sesamkörnern bestreuen.

REZEPT FÜR 4 PERSONEN

ALGEN
2 Pakete à 80 g Bio-Thai-Reisnudeln (weizen- und glutenfrei)
40 g Sylter Algen
80 g Wakame-Salat
10 g getrocknete Meeresalgen (ergeben 100 g brutto)
100 g Queller Passepierre-Algen
2 Pakete Enoki-Pilze
200 g Bio-Rapsöl

SESAM-VINAIGRETTE
40 g Bio-Sonnenblumenöl
2 mittlere Schalotten
4 Knoblauchzehen
1/2 Chilischote
30 g Hon-Mirin-Reiswein
1/2 EL schwarze Sesamkörner
100 ml Oystersauce
25 ml salzarme Sojasauce
40 g geröstetes Sesamöl

GARNITUR
1/2 EL schwarze Sesamkörner

JUNGFRAUEN-HUMMER
VARIATION MIT PAPRIKAPAPIER UND CHILIMAYONNAISE

REZEPT FÜR 4 PERSONEN

20 Stück Jungfrauen-Hummer (Kaisergranat)
60 g Bio-Butter
1 kleine Knoblauchzehe
20 g Pankomehl
Salz
Cayennepfeffer
100 g Bio-Bratfett

ROTES PAPRIKAPÜREE
100 g rote Bio-Paprika
20 ml Gemüsefond
1 kleine Schalotte
10 g Bio-Sonnenblumenöl
1/2 Lorbeerblatt
1/4 Knoblauchzehe
1/8 Chilischote
Cayennepfeffer

PAPRIKAPAPIER
1 Bio-Zitrone
75 g rotes Paprikapüree
15 g Isomalt-Zucker
alternativ: feiner Zucker
6 g Zucker
4 g Maltose
1 g Chiliöl

CHILIMAYONNAISE
50 g Mayonnaise
10 g Paprikapüree
5 g Chiliöl

16 Jungfrauen-Hummer ausbrechen.
4 ganze Jungfrauen-Hummer werden mit den Scheren nach hinten gesteckt und 5 Minuten bei 85° C gedämpft.
Die restlichen 16 Schwänze werden roh von der Schale gelöst und der Darm wird entfernt.
Dabei beachten, dass bei 8 Schwänzen die hinteren 2 Segmente stehenbleiben. Die Schwänze mit den Segmenten werden in Form gebracht, mit Salz und Pfeffer gewürzt, in Butter mit etwas Knoblauch gebraten und warm gestellt.
Die anderen 8 werden leicht eingeschnitten und auf 8 Scheren gesteckt, mit Salz und Pfeffer gewürzt und mit Pankomehl paniert. Dann in einer Pfanne mit Bratöl 5 Minuten von allen Seiten backen und warm stellen.

Den Paprika waschen, putzen und in grobe Stücke schneiden.
Die Schalotten schälen und in feine Scheiben schneiden.
Knoblauch pellen und ebenfalls in feine Scheiben scheiden.
Die Schalotten mit Knoblauch, Lorbeerblatt und Chilischoten anschwitzen. Den Paprika zugeben und mit Gemüsefond auffüllen.
Das Ganze solange kochen, bis der Paprika ganz weich und der Fond verdunstet ist.
Lorbeerblatt und Chilischote herausnehmen.
Das Ganze abtropfen und den Paprika in einem Standmixer pürieren.
Mit Salz und Cayennepfeffer abschmecken.
10 g Paprikapüree für die Chilimayonnaise zurückhalten.

HINWEIS: *Das Paprikapüree soll schön cremig sein.*

Die Zitrone halbieren und auspressen.
Paprikapüree, Chiliöl, Isomalt, Zitronensaft, Maltose und Zucker in den Thermomix geben und 12 Minuten bei 80° C mixen oder 12 Minuten im Topf garen und danach mixen.
Anschließend mit Salz und Chiliöl abschmecken.
Gern etwas kräftiger abschmecken, da das Paprikapapier beim Trocknen ein wenig an Schärfe verliert.
Diese Masse auf eine Silikonmatte ca. 1 mm hoch streichen und bei 90° C im Ofen ca. 5 bis 6 Stunden trocknen lassen.

TIPP: *Das Paprikapapier kann gut bevorratet werden und passt gut zu Salat, Pasta und Käse.*

Die Mayonnaise mit Paprikapüree und Chiliöl vermengen.
Nochmals abschmecken und in eine Spritzflasche abfüllen.

ANRICHTEN:
Jeweils 2 gebratene Kaisergranatschwänze und 2 gebackene Scheren mit dem ganzen Kaisergranat auf Teller anrichten.
Die Chilimayonnaise aufspritzen und das Paprikapapier anlegen.

TEUFLISCHE VARIATION
VON CALAMARETTI, GEBRATENEM PULPO, SCHWERTMUSCHELN UND VONGOLE

Den gekochten Pulpo schräg in Scheiben schneiden und die Arme möglichst ganz lassen.
Schalotten würfeln und Knoblauch fein schneiden.
Butter in der Pfanne erhitzen, den mit Salz und Pfeffer gewürzten Pulpo kurz anbraten, Knoblauch und Schalottenwürfel hinzugeben und leicht mitgaren.
Mit Salz und Pfeffer abschmecken, dann auf ein Abtropfblech geben und warmstellen.

Die Calamaretti putzen, ausnehmen, waschen und schräg in 5 cm breite Ringe schneiden. Je nach Größe die Köpfe ganz lassen oder halbieren.
Die Schalotten schälen und fein würfeln.
Den Knoblauch fein schneiden. Butter in die Pfanne geben, erhitzen und die mit Salz und Pfeffer gewürzten Calamaretti kurz anbraten. Knoblauch, Chilischote und Schalottenwürfel zugeben, kurz und leicht mitgaren.
Calamaretti sofort herausnehmen, mit Salz und Pfeffer abschmecken und warmstellen.

Die Muscheln putzen, waschen und abtropfen.
Die Schalotten fein würfeln und den Knoblauch fein schneiden.
Die Butter in einem Topf zerlaufen lassen und Schalottenwürfel und Knoblauch anschwitzen.
Mit Weißwein ablöschen, die Muscheln zugeben und mit Deckel ca. 3 bis 4 Minuten garen.
Herausnehmen und warmstellen.

Petersilie und Spinat mit dem Öl fein mixen und durch ein sehr feines Sieb passieren. Mit Essig, Salz und Pfeffer abschmecken.

Olivenöl, Tomatenmark und Crèma di Balsamico vermengen und mit Chilipulver abschmecken.

Das Leinsamenöl mit der Pflanzenasche vermengen.
Mit einem Spritzer Oystersauce abschmecken.

ANRICHTEN:
Den Pulpo und die gebratenen Calamaretti mit den Venus- und Schwertmuscheln auf vorgewärmten Tellern anrichten.
Mit Petersilienöl, Tomatenöl und Ascheöl garnieren.

REZEPT FÜR 4 PERSONEN

320 g gekochter Pulpo
30 g Bio-Butter
1 Knoblauchzehe
1 Schalotte
Salz
Pfeffer aus der Mühle

CALAMARETTI
500 g Calamaretti
60 g Bio-Butter
2 Knoblauchzehen
1 Schalotte
1/2 Chilischote
Salz
Pfeffer aus der Mühle

GEDÄMPFTE MUSCHELN
20 Schwertmuscheln – (Schwertförmige Scheidenmuschel) (Brutto 300 g)
24 Stück Venusmuscheln – Vongole (Brutto 250 g)
1 Schalotte
1 Knoblauchzehe
20 g Bio-Butter
200 ml Weißwein

PETERSILIENÖL
10 g Petersilie
5 g Bio-Spinat
30 g Bio-Sonnenblumenöl
etwas Bio-Essig

PIKANTES TOMATENÖL
10 g Tomatenmark
30 g Olivenöl
20 g Crèma di Balsamico
1 Msp Chilipulver

ASCHEÖL
1,5 g Pflanzenasche
30 g Leinsamenöl
1 Spritzer Oystersauce

BIRTI

HDAY

KOCH & BERGFELD

GLÄNZENDE MOMENTE

In kleiner Runde oder bei großen Feierlichkeiten durfte es damals und heute nicht fehlen – edles Tafelsilber.
In Bremen hat die Kunst des Silberschmiedens eine lange Tradition.
Seit 1829 fertigt die Manufaktur Koch & Bergfeld ihre handwerklich unübertroffenen Meisterstücke in Form von Bestecken und Tafelsilber.
Eine besondere historische Bedeutung erlangt Koch & Bergfeld dadurch, dass die Manufaktur schon im 19. Jahrhundert die bis heute notwendigen Prägewerkzeuge für die Fertigung von Silberbestecken entwickelte.
Doch dabei sollte es nicht bleiben.
Gottfried Bergfeld, vorausschauender Firmeninhaber der zweiten Generation, legte Ende des 19. Jahrhunderts besonderen Wert auf Mitarbeiterbindung und Kreativität.
Er gründete eine hauseigene Zeichenschule und setzte damit den gestalterischen Schwerpunkt der Manufaktur fort.
Einer der wohl prominentesten Absolventen dieser Zeichenschule war der spätere Bauhaus-Schüler Wilhelm Wagenfeld.
Bis heute kultivieren Besteckmodelle, die um die Jahrhundertwende von namhaften Designern entwickelt wurden, unsere Tafeln.
Zu den bedeutendsten gehört das Besteckmodell »Spaten«, mit dem auch der Norddeutsche Lloyd die Tafeln an Bord seiner Schiffe schmückte.
Der Standort Bremen war für diesen Kunden nahezu perfekt, denn die Mitarbeiter von Koch & Bergfeld arbeiteten hier das Tafelsilber von Bord direkt auf, bevor es wieder von Bremen aus auf die Reise ging.
Diese handwerkliche Tradition hat sich die Manufaktur bis heute bewahrt, denn nach wie vor werden in Bremen Besteck- und Korpusteile restauriert, repariert und aufgearbeitet.

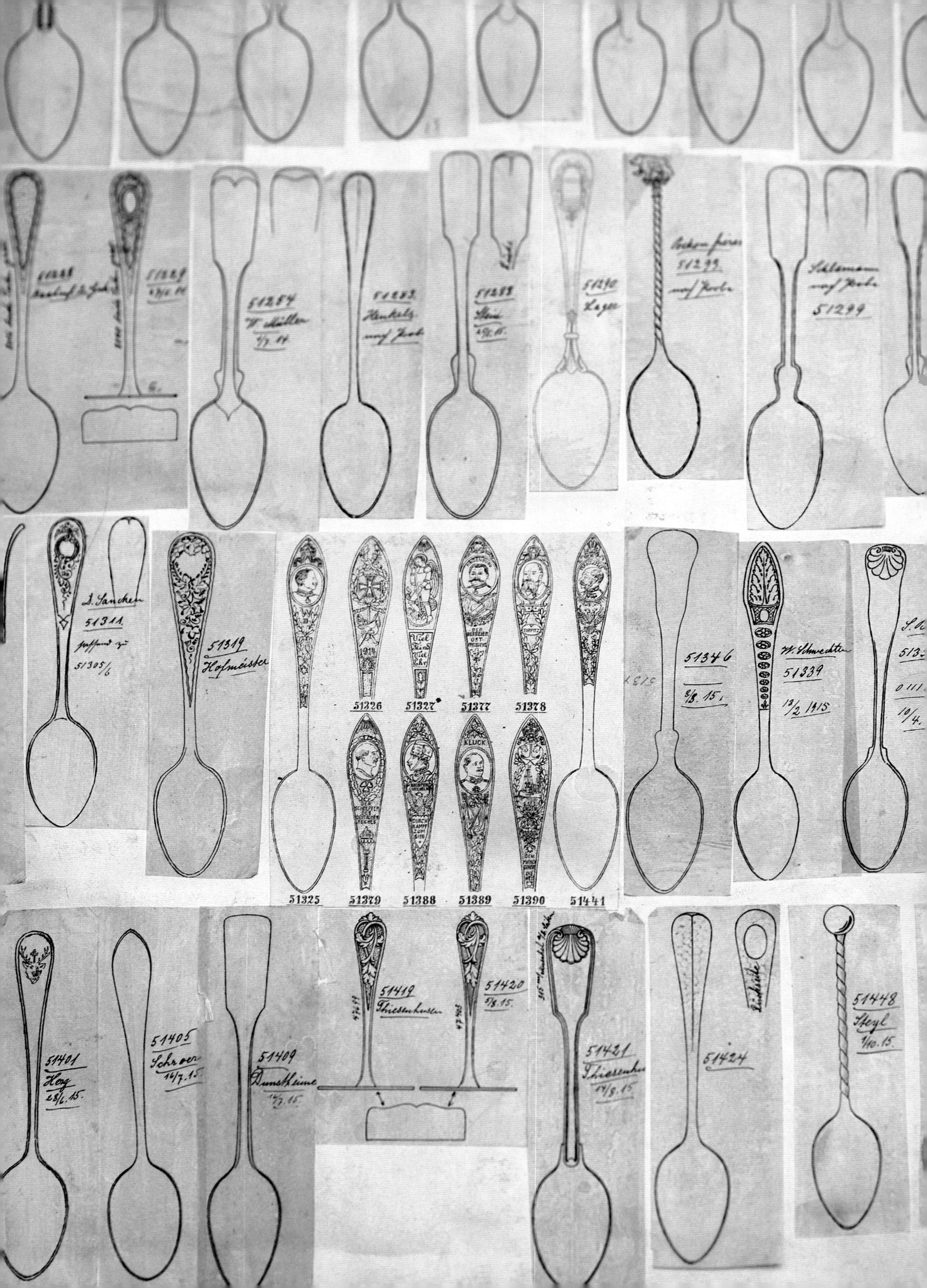
51284
51290
51299
51294
51311
51305/6
51319
Hofmeister
51326
51327
51377
51378
51325
51379
51388
51389
51390
51441
51346
51339
51401
51405
51409
51419
51420
51421
51424
51448
Steyl

rechts: Edles Tafelsilber für Genussmomente.
Die Reederei Norddeutscher Lloyd zählte Anfang des 20. Jahrhunderts zu den wichtigsten Kunden der Manufaktur und ließ für sich Exklusiv-Tafelsilber anfertigen, ob edles Fischbesteck wie auf Seite 2 oder Ascher für die Rauchsalons an Bord ihrer Schiffe. Dieser Trend hat sich bis heute fortgesetzt, derzeit begeistern sich viele Kunden für die Möglichkeit einer Exklusivfertigung.

In insgesamt 250 Musterbüchern, den sogenannten »Folianten«, sind fast alle Tafelsilberentwürfe der Manufaktur seit über 175 Jahren verzeichnet.
Diese prunkvollen Folianten sind wahrhaftige Kunstwerke, in denen die Designer das Tafelsilber, das Koch & Bergfeld seit 1835 hergestellt hat, dokumentiert haben.
Besonders interessant ist dabei, dass diese Original-Tuschezeichnungen teilweise mit den Namen der Kunden, dem Gewicht und den Werkstattnummern versehen sind.
Diese Werke sind jedoch nicht der einzige Schatz in Bremen.

Ungefähr 5.000 Prägewerkzeuge, die von Generationen von Werkzeugmachern gefertigt wurden, befinden sich in der Manufaktur und machen es möglich, diese Entwürfe jederzeit neu aufzulegen.

oben rechts: Die Ziseleure bearbeiten das Tafelsilber und verleihen diesem reliefplastische Formen oder dekorative Muster.

Klaus und Juliane Neubauer hüten nicht nur diese Schätze, sondern transportieren sie in die heutige Zeit. Tafelsilber von Koch & Bergfeld, das schon die Tafel Kaiser Wilhelms II schmückte, begab und begibt sich auf Reisen zu Kunden weltweit.

Hamburg-Amerika Linie.
Hel. u. impr. Meisenbach Riffarth & Co. Berlin.

FEIER DES ALLERHÖCHSTEN GEBURTSTAGS S.M. DES DEUTSCHEN KAISERS WILHELM II.

AN BORD DES ABLÖSEDAMPFERS »PATRICIA«, 27. JANUAR 1912

Bis 1910 wurde die von der Vulcan AG gebaute »Patricia« von HAPAG auf der Transatlantik-Route von Hamburg nach New York eingesetzt, um vorwiegend Auswanderer und Fracht in die USA zu befördern.

Zusammen mit ihren drei Schwesterschiffen »Pennsylvania«, »Pretoria« und »Graf Waldersee« gehörte die »Patricia« eher zur zweiten Kategorie der Passagierschiffe auf der Transatlantik-Route.

Aufgrund nachlassender Auslastung wurde die Einteilung der Passagierkabinen 1910 verändert, sodass nur noch die 2. Klasse und die Zwischendecks genutzt wurden.

Außerdem erhielt die »Patricia« eine neue Aufgabe: Sie fuhr als Ablösedampfer für Offiziere und Mannschaften der Kaiserlichen Marine nach Ostasien.

Vom 6. Januar bis zum 30. März 1912 war sie unterwegs, um den Ablösetransport von etwa 1.200 Mann für das Gouvernement Kiautschou und für die Flusskanonenboote »Vaterland«, »Tsingtau« und »Otter« durchzuführen.

Um die höheren Offiziere des Kontingents an der Feier des Allerhöchsten Geburtstags am 27. Januar teilhaben zu lassen, wurde an Bord der »Patricia« ein Festessen ausgerichtet und mit einem Musikprogramm begleitet.

Die Speisekarte zeigt auf ihrem Deckblatt das mit vornehmlich maritimen Motiven umrankte Portrait des Kaisers; das Menü war hinsichtlich der erlesenen Speisen »monarchisch« ausgerichtet.

An Bord des Ablösungsdampfers

„Patricia"

- - Kapitain A. Rörden. - -

Sonnabend, den 27. Januar 1912.

Fest-Essen

Zur Feier des Allerhöchsten Geburtstages S. M. des Deutschen Kaisers

Wilhelm II.

Appetit Brödchen

Hühnersuppe kaiserliche Art

Lachsröllchen in Gallert, Kaiserin Art

Lendenbraten königliche Art

Rehschnitzel mit Ragout
Toulouser Art

Braunschweiger Stangenspargel
Mousseline Sauce

Getrüffelte Puterbrüste
Melange Kompott, - Sellerie Salat

Mandelaufsätze
Hohenzollern Bombe
Petit four
Illuminierte Kaiserkronen
Käse, Frucht, Kaffee

Musik-Programm.

1. Carmen, Marsch . . . . . . v. Bizet
2. Ouverture z. Optt. „Dichter und Bauer“ v. Suppé
3. Intermezzo a. d. Op. „Tiefland“ . . v. D'Albert
4. Fürstenkind Walzer a. d. Optt. „Das Fürstenkind“ v. Lehar
5. „O du my darling“ a. d. Optt. „Miss Dudelsack“ v. Nelson
6. „Melodie“ . . . . v. Rubinstein
7. Fantasie a. d. Op. „Lohengrin“ . . v. Wagner
8. The Troubadours Two step. . . . . v. Moret

TELLERSÜLZE
MIT LACHSRÖLLCHEN, SPARGELSPITZEN UND WACHTELSETZEI

Eine Folie im Rechteck in einer Größe von 14 cm Breite und 12 cm Höhe auslegen. An den Rändern in der Höhe jeweils 10 cm überstehen lassen.
Das Lachsfilet dünn mit einem Messer aufschneiden und auf die Folie legen.

Mit Salz und Pfeffer würzen.
Den Ziegenfrischkäse dünn bis zu drei Viertel der Höhe aufstreichen und wie eine Schnecke vorsichtig und unter Spannung einrollen.
Im Kühlschrank ca. 6 Stunden auskühlen lassen.
Vor dem Servieren schräg in Scheiben schneiden.

Den grünen Spargel im unteren Drittel schälen, in Salzwasser kochen und abschrecken.
Die Spargelspitzen in 7 cm lange Stücke schneiden.
Die restlichen Spargelstücke in schräge, kleine Scheiben schneiden.

FÜR ½L TOMATENGELEE:
Gelatine einweichen. Eiweiß aufschlagen.
Geflügelfond mit Essig, Tomatenmark, zerdrückten Fleischtomaten und Kräutern gut vermengen.
Das aufgeschlagene Eiweiß zugeben, verrühren und das Ganze vorsichtig aufkochen lassen.
Danach die Masse durch ein Tuch ablaufen lassen.
In den passierten Tomatenfond die aufgeweichte Gelatine geben und mit Salz und Pfeffer abschmecken.
Kurz aufkochen und ca. 20 Minuten ziehen lassen.
Kaltstellen.

TIPP: *Wenn der Fond gerade geliert, ist die richtige Konsistenz erreicht.*

TIPP: *Wenn nur Tomatensaft verwendet wird, sollte weniger Tomatenmark hinzufügt werden.*

ANRICHTEN:
Die Wachteleier in einer Pfanne mit etwas Bratfett vorsichtig stocken lassen. Dann herausnehmen und abkühlen lassen.
Die Spargelstücke in tiefe Teller verteilen.
Spargelspitzen und Wachtelsetzeier anlegen und das Ganze mit dem gelierten Tomatenfond nappieren.
Das Wachtelei nur einen kleinen Hauch.
Zum Schluss die aufgeschnittenen Lachsröllchen anlegen.

REZEPT FÜR 4 PERSONEN

LACHSRÖLLCHEN
180 g rohes Lachsfilet
oder Räucherlachsfilet
100 g Ziegenfrischkäse
12 Stangen grüner Bio-Spargel
alternativ:
weißer Bio-Spargel
Salz
Pfeffer aus der Mühle

TELLERSÜLZE
1 bis 2 Blatt Gelatine
1/2 l Geflügelfond oder
1/2 l Tomatensaft
60 g Tomatenmark
125 ml Bio-Essig
2 Bio-Fleischtomaten
90 g Bio-Tomatenmark
2 Bio-Eiweiß
etwas Basilikum, Wacholderbeeren
und 1 Lorbeerblatt
Salz
Pfeffer aus der Mühle

GARNITUR
4 Wachteleier
etwas Bio-Sonnenblumenöl
etwas Selleriesalz

KLEINE BIO-BRIOCHE
MIT SCHMAND

Eier, Zucker, Eigelb und Salz mischen.

Die Milch erwärmen und Hefe darin auflösen,
zu dem Eiergemisch geben.

Das Mehl gesiebt zugeben und zu einem glatten Teig kneten.
Die Butter weich, aber nicht flüssig hinzufügen und gehen lassen.
Das Ganze zweimal wiederholen.

Für die Eistreiche Eigelb mit etwas Wasser oder Milch verrühren.

TIPP: *Den Teig nicht zu häufig zusammenkneten – die Brioche wird dann zu feinporig.*

Den Teig in 25 g große Kugeln formen und
obenauf einen kleinen Brioche-Punkt setzen.
Dann in eine Muffin-Form geben, mit Eistreiche bepinseln
und bei 180° C ca. 10 bis 12 Minuten backen.

ANRICHTEN:
Mit Schmand anrichten.

REZEPT FÜR 4 PERSONEN
(ergibt ca. 20 Stück)

200 g Bio-Mehl
2 Bio-Eier Gr. M
1 Bio-Eigelb
25 g Bio-Hefe
60 g Bio-Vollmilch
6 g Zucker
2 g Salz
120 g Bio-Butter

EISTREICHE
1 Eigelb
Wasser oder Milch

GARNITUR
120 g Schmand

LENDENBRATEN AUF KÖNIGLICHE ART

MIT GLACIERTEM VIERLÄNDER GEMÜSE

Den Lendenbraten im Ganzen mit Maldon-Salz und gemahlenem Pfeffer würzen.
Auf ein gefettetes Backblech legen und bei 140° C mit einem Kerntemperaturmesser auf 49° C fertig garen.
Herausnehmen und ca. 20 Minuten ruhen lassen.
Zum Schuss mit Maldon-Salz und gemahlenem Pfeffer nachwürzen.
Vor dem Servieren nochmals 8 Minuten in den heißen Ofen schieben und vor den Gästen tranchieren⚓.

Die Schalotten schälen und in feine Würfel schneiden.
Die Möhren mit Grün waschen, putzen und in gleichmäßige Stücke tournieren⚓.
Mit etwas Butter und Flüssigkeit gar dämpfen.
Den Senfkohl waschen, putzen, den Strunk entfernen und vierteln.
Dann mit etwas Butter und angeschwitzten Schalottenwürfeln 4 Minuten dünsten. Nachwürzen.
Die Erbsen auspuhlen, mit etwas Flüssigkeit und Butter etwa 5 Minuten bei geschlossenem Deckel garen.
Die Wachs- und Schneidebohnen putzen, waschen und schräg in gefällige, gleich große Stücke schneiden.
Die Bohnen können zusammen gegart werden.
Dafür die Schalottenwürfel mit etwas Butter in einer Sauteuse⚓ anschwitzen. Die Bohnen hinzugeben und ca. 4 bis 5 Minuten gar dünsten.
Zum Schluss nachwürzen.

Den Estragon waschen, zupfen und fein schneiden.
Die Eigelbe vom Eiweiß trennen. Die Eigelbe mit Weißwein und Estragonessig vermengen.
Dann bei milder Hitze aufschlagen, bis das Eigelb richtig gebundenist (Temperatur 75° C)

TIPP: *Eigelbe, Weißwein und Essig müssen das gleiche Mengenverhältnis haben. Das Salz erst nach dem Aufschlagen der Eigelbe zugeben.*

Butter schmelzen lassen und nach und nach unter die aufgeschlagenen Eigelbe rühren.
Dann den fein geschnittenen Estragon zugeben, mit Salz, Cayennepfeffer und etwas Zitronensaft abschmecken.

ANRICHTEN:
Das glacierte Vierländer Bio-Gemüse auf einer vorgewärmten Platte verteilen und das Entrecôte anlegen.
Die Sauce wird extra gereicht.

REZEPT FÜR 4 PERSONEN

LENDENBRATEN
1,2 kg Lendenbraten
Entrecôte (Hochrippe) am Stück
(vom Eidertaler Auerochsen)
30 g Bio-Bratfett
Maldon-Salz
Pfeffer aus der Mühle

VIERLÄNDER BIO-GEMÜSE
12 kleine Möhren mit Grün
150 g Wachsbohnen
150 g Schneidebohnen
400 g Junge Erbsen
(netto ca. 150 g)
120 g Senfkohl
2 Schalotten
100 g Bio-Butter

ESTRAGON SAUCE
3 Bio-Eier Gr. M
3 EL Weißwein
1 TL Estragonessig
250 g Bio-Butter
1/4 Bund Estragon
Salz
Cayennepfeffer
etwas Zitronensaft

WEHMANNS FARBENFROHE MACARON-VARIANTEN

Das Eiweiß in einer Küchenmaschine mit einer Prise Salz aufschlagen.
Den Zucker und das Wasser auf 118° C kochen.
Die gekochte, heiße Zuckerlösung vorsichtig in das aufgeschlagene Eiweiß geben und diese Masse auf Zimmertemperatur schlagen.

TIPP: *Wichtig: Masse richtig kalt schlagen.*

Die Mandelgrießmischung oder das fertige Mandelpulver in die kalt geschlagene Eiweißmasse geben und so lange unterheben, bis die Masse, wenn man sie auf eine Oberfläche tupft, von allein glatt wird und nicht breit zerläuft.

TIPP: *Bei Verwendung von fertigem Mandelpulver wird die Masse meistens feiner und eleganter.*

Die fertige Macaronmasse mit Lebensmittelfarbe einfärben und mit einer Lochtülle auf Silikonmatten oder auf Backpapier aufspritzen.
Das Backblech einmal auf den Tisch klopfen.
Die Macaronmasse ca. 30 Minuten an der Luft trocknen lassen, bis sie eine Haut bildet.
Dann bei 150° C (Ober- und Unterhitze) im vorgeheizten Ofen ca. 14 bis 15 Minuten backen.

Nach dem Backen die Macarons gut auskühlen lassen.

Die fertigen Macaronhälften mit verschiedenen Füllungen zusammensetzen.

Die weiße Kuvertüre mit der Sahne und dem Mark einer 1/8 Vanilleschote kurz auflösen und kalt stellen.

ALTERNATIV: Dunkle Kuvertüre mit Sahne und Sherry-Brandy, weiße Kuvertüre mit Sahne und Grenadine-Sirup oder weiße Kuvertüre mit Sahne und gehackten Pistazien mischen.

Je nach Menge der Aromengeber etwas weniger Sahne verwenden.

REZEPT FÜR 20 MACARONS

MACARONS
200 g Mandelgrießmischung
(100 g Mandelgrieß und
100 g Puderzucker)
oder
200 g fertiges Mandelpulver
40 g Eiweiß
eine Prise Salz
100 g feiner Zucker
37 g Wasser
Lebensmittelfarbe als Pulver

FÜLLUNG
70 g weiße Kuvertüre
30 g Sahne
1/8 Vanilleschote

Alternativ:
Dunkle Kuvertüre
mit Sherry-Brandy
Weiße Kuvertüre
mit Grenadine-Sirup
Weiße Kuvertüre
mit gehackten Pistazien

H.A.
P.
A.G.
HAMBURG-AMERIKA LINIE

BIRTHDAY DINNER GIVEN BY MISS ELIZABETH KILEY TO MRS. CLARA BODEMAR

ARROUND AFRICA CRUISE, 25. JULI 1934

DIE »RESOLUTE« – EIN SCHIFF UNTER VIELEN FLAGGEN UND NAMEN

Das Passagierschiff wurde im Auftrag der HAPAG für den Südamerikadienst gebaut und lief 1914 unter dem Namen »William O' Swald« vom Stapel. Mit Ausbruch des Krieges war wegen der britischen Blockade der Nordsee an einen Passagierdienst nach Übersee nicht mehr zu denken.
Die »William O' Swald« wurde 1916 an den Koninklijke Høllandsche Lloyd verkauft, umgebaut und ab 1920 unter dem Namen »Brabantia« auf der Route von Amsterdam nach Rio de La Plata in Argentinien eingesetzt. Nach nur zwei Jahren übernahm die US-Reederei United America Lines die »Brabantia« und setzte diese unter dem Namen »Resolute« in Zusammenarbeit mit der HAPAG auf der Route Hamburg–New York ein. 1926 wurde diese Zusammenarbeit mit United America Lines aufgelöst und HAPAG führte die Transatlantik-Route wieder unabhängig.
Die »Resolute« war von dieser Zeit an als Kreuzfahrtschiff weltweit unterwegs und galt als Luxusliner für betuchte Gäste. Die HAPAG schickte sie jährlich von New York aus auf Weltreise, da sich besonders das amerikanische Publikum für diese Reisen begeisterte.

Die abgebildete Speisekarte stammt von einer Kreuzfahrt, zu der die »Resolute« am Nachmittag des 30. Juni 1934 von New-York aus Richtung Afrika aufgebrochen war.
In 83 Reisetagen legte sie 21.000 Meilen zurück und lief am 21. September 1934 wieder in den Hafen von New York ein.
Der Geburtstag von Mrs. Clara Bodemar am 25. Juli war für Miss Elizabeth Kiley Anlass, zu einem festlichen, leichten 5-Gänge-Geburtstagsdinner im kleinen Kreis einzuladen. Laut Passagierliste reisten die anwesenden Damen ohne männliche Begleitung, genau wie die Herren Harper, Mimno, Le Mar Smith und Warfel ohne Begleitung anwesend waren.
Die für dieses Dinner eigens gedruckte Karte unterstreicht die Exklusivität des Abends und präsentiert ein sehr passendes Motiv zu diesem Anlass. Tiere, Sagengestalten und Neptun überbringen der jungen Dame reichlich Geschenke und Glückwünsche.

BIRTHDAY DINNER

given by

MISS ELIZABETH KILEY

to

MRS. CLARA BODEMAR

✢

Miss Vida Blunden
Miss Dorothy Dunlop
Mrs. Ch. Huguenin
Mr. F. G. Harper
Prof. Ch. Huguenin
Dr. Harry Rowe Mimno
Dr. R. Le Mar Smith
Mr. John Warfel

ON BOARD S. S. "RESOLUTE"

AROUND AFRICA CRUISE

Wednesday, July 25th, 1934

MENU

Beluga Malossol

Consommé with Marrow

Fillet of Sole in White Wine

Breast of Gold Pheasant
Pine-apple Kraut
Potato Balls

Ice Bomb Maria Antoinette

Mocca

Henkell trocken

KAVIAR-ARRANGEMENT
MIT KARTOFFELSCHNEE UND SCHMAND

Den Schnittlauch waschen und abtropfen.
24 Schnittlauchspitzen schneiden und beiseite legen.
Den restlichen Teil in feine Ringe schneiden.
Die Kartoffeln mit etwas Kümmel in Salzwasser gar kochen und pellen.

Anschließend mit Salz, Muskatnuss und Pfeffer würzen, die zerlaufene Butter zugeben, alles vermengen und dann durch die Kartoffelpresse in ein vorgewärmtes Gefäß geben.

TIPP: *Die Butter leicht bräunen, dadurch bekommt sie ein leicht nussiges Aroma.*

ANRICHTEN
Kartoffelschnee auf vorgewärmte Teller geben.
Den Schmand und die Schnittlauchspitzen auf den Kartoffelschnee setzen und den Kaviar anrichten.
Schnittlauchringe extra reichen.

REZEPT FÜR 4 PERSONEN

KAVIAR-ARRANGEMENT
50 g Keta-Lachs-Kaviar
50 g Forellen-Kaviar
50 g Saibling-Kaviar
50 g Bofin Bowfin-Kaviar
50 g vegetarischer Kaviar Cavi-Art (Lachs rot)
oder
AKI Trend BelugArt Caviar

KARTOFFELSCHNEE
480 g Bio-Kartoffeln
etwas Kümmel
80 g Bio-Butter
grobes Salz
Pfeffer aus der Mühle
etwas geriebene Muskatnuss
1/4 Bund Schnittlauch

GARNITUR
24 Schnittlauchspitzen
160 g Bio-Schmand oder Crème Fraîche

SEEZUNGENFILET
IN WEISSWEINSAUCE AUF SCHMORGURKEN

REZEPT FÜR 4 PERSONEN

SEEZUNGENFILET
8 Stück Seezungenfilets a 80 g
1 Bio-Zitrone
2 EL Bio-Butter
2 Bio-Fleischtomaten
Salz
Pfeffer aus der Mühle

SCHMORGURKEN MIT ESTRAGON
2 mittlere Bio-Salatgurken (gesamt 800 g)
2 Schalotten
1/4 Bund Estragon
2 EL Bio-Butter

WEISSWEINSAUCE
300 ml Fischfond
250 ml Riesling-Sekt
2 kleine Schalotten
1 EL Bio-Butter
250 ml Bio-Sahne
3 EL (50 ml) geschlagene Bio-Sahne

GARNITUR
12 Estragon-Bouquets

Die Zitrone halbieren und entsaften. Die Seezungenfilets an den Enden 5 cm einschlagen und leicht plattieren. Dann mit Zitronensaft, Salz und Pfeffer würzen. Auf ein Dämpferblech legen und bei 85° C ca. 5 bis 6 Minuten auf den Punkt dünsten.

TIPP: *Wenn kein Dämpfer vorhanden ist, etwas Flüssigkeit in einen Topf geben. Die Seezungenfilets auf einen gebutterten Siebeinsatz geben und 4 Minuten bei mittlerer Hitze mit Deckel dämpfen.*

Die Fleischtomaten abziehen, vierteln und entkernen. Dann auf ein gebuttertes Blech legen und mit etwas Butter beträufeln. Anschließend die Tomatenzungen mit Salz und Pfeffer würzen und im Ofen erwärmen.

Gurken schälen, vierteln, leicht entkernen und schräg in gefällige Stücke schneiden. Die Schalotten schälen und würfeln. Den Estragon waschen und abtupfen. 12 Bouquets zupfen, den restlichen Teil fein schneiden. Die Schalottenwürfel mit Butter in einer Sauteuse‡ anschwitzen. Die Gurkenstücke und etwas Flüssigkeit zugeben, würzen und ca. 3 bis 4 Minuten abgedeckt dämpfen.
Zum Schluss mit Salz, Pfeffer und geschnittenem Estragon abschmecken.

TIPP: *Die Gurken nur kurz garen und gleich servieren, damit sie ihre grüne Farbe behalten.*

Schalotten fein würfeln und in Butter andünsten.
Mit Riesling-Sekt ablöschen, reduzieren und mit Fischfond auffüllen.
Die Flüssigkeit sirupartig einkochen lassen. Sahne zugeben, etwas reduzieren lassen und mit dem Pürierstab mixen.
Die Sauce nochmals abschmecken.
Vor dem Servieren die geschlagene Sahne unterheben.

TIPP: *Die Weißweinsauce als Erstes vorbereiten.*

ANRICHTEN:
Die Schmorgurken auf vorgewärmte Teller verteilen.
Gedämpfte Seezungenfilets und die gewärmten Tomatenzungen darauflegen. Mit Weißweinsauce anrichten und mit Estragon-Bouquets garnieren.

FASANENBRUST
AUF ANANASKRAUT MIT ROSMARINSAUCE

Fasane mit grünem Speck belegen, dressieren⚓ und mit Salz und Pfeffer würzen.
In einer Pfanne Bratfett, Butter und Wacholderbeeren erhitzen.
Fasane rundum anbraten, dann in den Ofen legen und von beiden Seiten ca. 14 Minuten 180° C Umluft braten.
Dann den Speck entfernen, die Fasane auf den Rücken legen und nochmals ca. 10 bis 15 Minuten fertig braten.

TIPP: *Die Fasane haben den optimalen Garpunkt, wenn die Keulen noch leicht rosa sind. Die Fasane ruhen lassen und nach ca. 10 Minuten noch einmal für 5 Minuten in den heißen Ofen geben.*

Beim Verwenden von ausgelösten Fasanenbrüsten in einer Pfanne Butter und Wacholderbeeren erhitzen.
Die Fasanenbrüste von der Innenseite leicht anbraten und dann auf der Hautseite bei geringer Temperatur ca. 5 bis 6 Minuten fertig garen.

Fasanenknochen einmal mit heißem Wasser überwallen, dann abschütten und auf einem Backblech bei 220° C ca. 15 Minuten rösten.
In einem schlanken Topf das Röstgemüse in Sonnenblumenöl anrösten. Dann das Tomatenmark und die Kräuter zugeben.
Das Ganze leicht anschwitzen, etwas Farbe nehmen lassen und in kurzen Abständen mit Weißwein und Cognac ablöschen.
Die gerösteten Fasanenkarkassen zugeben. Mit Wasser auffüllen, ca. 4 bis 5 Std. mild köcheln lassen. Dabei immer wieder den Fond degraissieren⚓ und evtl. Flüssigkeit nachfüllen.
Nach 5 Sunden den Fond durch ein Tuch passieren. Mit einem frischen Rosmarinzweig auf 50 ml reduzieren lassen. Dann mit flüssiger Sahne auffüllen und aufkochen lassen. Den Rosmarinzweig herausnehmen und die Sauce mit Salz und Pfeffer abschmecken.
Zum Schluss kurz vor dem Servieren die Sauce mit geschlagener Sahne marmorieren.

TIPP: *Bei Verwendung eines schlanken, hohen Topfs wird weniger Flüssigkeit gebraucht, um die Karkassen zu bedecken.*

Die Baby-Ananas schälen, vierteln, vom Strunk befreien und in gefällige Stücke schneiden.
Die Schalotten schälen und in feine Ringe schneiden.
Das Lorbeerblatt und die zerdrückten Wacholderbeeren in einen Gewürzbeutel geben. Schalottenringe in Butter anschwitzen, Weinkraut, in Scheiben geschnittenen Speck und Gewürzbeutel zugeben und mit Geflügelfond auffüllen. Das Ganze ca. 5 Minuten dämpfen.
Den Speck und den Gewürzbeutel herausnehmen. Vor dem Servieren die Ananasstücke in das Kraut geben, mit Champagner auffüllen und alles kurz erhitzen. Nochmals mit Salz und Pfeffer abschmecken.

TIPP: *Weinkraut nur kurz garen, damit es in der Farbe und im Geschmack intensiv bleibt. Den Champagner nur zum Schuss zugeben.*

HINWEIS: *Getrocknete Speckstreifen und mageren Bauchspeck dünn aufschneiden, auf Pergaminpapier legen und im Ofen ca. 5 bis 6 Stunden bei 80° C trocknen.*

ANRICHTEN:
Vorgewärmte Teller mit dünnen Ananasscheiben auslegen.
Das Ananaskraut mittig auflegen. Die tranchierten⚓ Fasanenbrüste und getrocknete Speckstreifen darauf anrichten. Mit Rosmarin-Rahmsauce beträufeln und mit Ananasblättern dekorieren.

REZEPT FÜR 4 PERSONEN

FASAN
2 Holsteiner Fasane
oder 4 Holsteiner Fasanenbrüste
30 g Bratfett
40 g Bio-Butter
4 Scheiben grüner Speck 10 x 10 cm
5 g Wacholderbeeren
Salz
Pfeffer aus der Mühle

ROSMARIN-RAHMSAUCE
500 g Fasanenknochen
60 g Bio-Sonnenblumenöl
80 g Röstgemüse (Möhre, Sellerieknolle, Lauch, Petersilienwurzel in kleinen Würfeln)
1/2 TL Tomatenmark
200 ml Weißwein
40 ml Cognac
200 ml Bio-Sahne
etwas Rosmarin, Lorbeerblatt, Pfefferkörner
50 g geschlagene Bio-Sahne
Salz
Pfeffer aus der Mühle

ANANASKRAUT
400 g frisches Weinkraut
4 kleine Baby-Ananas
4 Schalotten
80 g Bio-Butter
200 ml Geflügelfond (oder Gemüsefond)
80 g magerer Speck zum Kochen
4 Wacholderbeeren
1 Lorbeerblatt
250 ml Champagner
Salz
Pfeffer aus der Mühle

GARNITUR
Scheiben von der Baby-Ananas
8 getrocknete, magere Speckstreifen

FARE

WELL

FUNKELNDE TAFELN

Der unverwechselbare Schliff der kunstvollen Gläser, Karaffen und Schalen aus der Lübecker Manufaktur Rotter Glas lässt gedeckte Tafeln seit 1870 funkeln.

Die mundgeblasenen Rohlinge aus Kristall werden in aufwendiger Handarbeit veredelt. Das Überfangglas, bei dem eine farbige über einer farblosen Glasschicht liegt, wird vom Glasschleifer in größter Präzision je nach gewünschtem Dekor abgetragen. Traditionell werden mit einem einzigartigen Schleifverfahren plastisch wirkende Muster in das Glas geschliffen. Sie verleihen jedem Unikat einen individuellen Charakter. Durch diese Handarbeit entstehen die wertvollen Glasobjekte und begeistern bereits in vierter Generation Liebhaber und Sammler in der ganzen Welt. Die Farben, kunstvollen Muster und die Haptik der Gläser, gepaart mit Inhalt und Licht, sprechen alle Sinne an und verleihen jeder Tafel ihren letzten Schliff.
Die Schönheiten aus der Hansestadt an der Ostsee lassen die Lebendigkeit der Meere und den Glanz der historischen Menüs auf unseren Tafeln aufleben.

Zur Erinnerung
an das
ABSCHIEDS-ESSEN
Seiner Majestät
des Kaisers
an Bord
des Post-Dampfers
„HAMBURG"
Hamburg-Amerika Linie.

ABSCHIEDSESSEN S.M. DES KAISERS AN BORD DES POSTDAMPFERS »HAMBURG«, 4. APRIL 1905

Die »Hamburg« wurde 1899 von der Stettiner Vulcan AG für den Postdampferdienst nach Ostasien gebaut, den die HAPAG gemeinsam mit dem Norddeutschen Lloyd betrieb.
Als diese Kooperation bereits nach drei Jahren beendet wurde, setzte die HAPAG das Schiff auf der Route Hamburg–New York ein und baute es entsprechend der Anforderungen für den Transatlantikverkehr um. Aufgrund des verbesserten Standards eignete sich das Schiff von nun an auch für Kreuzfahrten oder diente Kaiser Wilhelm II als Ersatzstaatsyacht.
1905 begab sich der Kaiser von Hamburg aus auf eine Mittelmeerreise und besuchte auf seiner ersten Station den portugiesischen König Karl I in Lissabon. Danach ging die Reise weiter nach Tanger, Gibraltar und von Port Mahon nach Neapel, wo der Kaiser mit seinem Gefolge am 5. April auf die »Hohenzollern« umstieg.
Am Abend zuvor fand an Bord der »Hamburg« ein opulentes Abschiedsessen statt, das ganz
im Zeichen der Erinnerung stand, denn sowohl der Titel der Speisekarte, als auch die Unterschriften aller Gäste und die Reihenfolge des Musikprogramms S-O-U-V-E-N-I-R sollten an diesen besonderen Abend erinnern.
Die Signatur oben mittig auf der Speisekarte zeigt den Namenszug Kaiser Wilhelms II. Des Weiteren waren kaiserliche Adjutanten, Kommandeure, Admiräle, Staatssekretäre, enge persönliche Berater und Künstler, wie der bekannte Marinemaler Willy Stöwer, vertreten, die den Kaiser auf dieser offiziellen Reise begleiteten.

Auch für dieses Menü wurde das Deckblatt jener Speisekarte verwendet, das für Anlässe reserviert war, die in Bezug zur Person des Kaisers standen. Es zeigt das Portrait Wilhelms II, umrankt mit maritimen Motiven.

MUSIK-PROGRAMM.

Salus Caesarinostro Guglielmo	Voigt
Oberon, Ouverture	v. Weber
Unter dem Bambusbaum	Cole
Volksliedchen und Märchen	Komzák
Einleitung z. III. Akt aus der Oper „Lohengrin"	Wagner
Ninetta-Walzer	Lincke
Introduction und Chor aus der Oper „Carmen"	Bizet
Regimentsmarsch der ehemaligen Hannoverschen Königs-Husaren	

Dienstag, den 4. April 1905

MITTAGS-TAFEL

Vorspeise Neapeler Art

Cardy-Suppe

Rangus-Schnitte nach Durham

Ochsenlenden auf eigene Art

Strassburger Trüffeln

Champagner-Speise nach Lucullus

Küken nach Leo XIII

Salat Compot

Artischocken

Gefrorene Speise nach Orleans

Butter Käse

Nachtisch

BURRATA CAPRESE
MIT EINER ARTISCHOCKENVIELFALT UND BUNTEN TOMATEN

REZEPT FÜR 4 PERSONEN
VORSPEISE

6 große Artischocken
oder 12 mittlere Artischocken
20 Powerade
(Baby-Artischocken)
1 Bio-Zitrone
(alternativ: Ascorbinsäure oder Fruchtklar in Wasser)
80 g Bio-Butter
300 g Bio-Burrata
(2 Packungen mit je 2 Stück à 75 g)
5 verschiedene, bunte Tomaten
(grün, gelb, orange, rot und schwarz)

DISTELÖL-MARINADE
80 g Distelöl
40 g weißer Crèma di Balsamico-Essig
2 Schalotten
Maldon-Salz
Pfeffer aus der Mühle

Zitrone halbieren und auspressen.
Große oder mittlere Artischocken entstielen und vom Artischockenboden ca. 1,5 cm abschneiden. Die Blätter rundherum mit einem Sägemesser abschneiden und das Heu mit einem scharfen Löffel entfernen.
Vier Böden in Zitronenwasser aufbewahren, die restlichen Böden in mittlere Spalten schneiden und ebenfalls in das Zitronenwasser geben.
Die Baby-Artischocken mit Stiel verarbeiten.
Ca. 1,5 cm am oberen Teil abschneiden und mit einem Messer rundherum die grünen Blätter entfernen. Vorsichtig den Stiel schälen und die Powerades vierteln.
Zu den restlichen Artischocken in das Zitronenwasser legen.

30 Artischockenblätter mit viel Fleischansatz in Zitronenwasser gar dämpfen.
Die 4 Artischockenböden in etwas Zitronenwasser ca. 6 bis 7 Minuten bei geschlossenem Deckel garen.

TIPP: *Damit die Artischocken nicht oxidieren, bewahrt man sie in Zitronenwasser, Ascorbinsäure oder Fruchtklar auf.*
Nach dem Verarbeiten der Artischocken Hände und Arbeitsmaterial gut waschen, da Artischocken viele Bitterstoffe enthalten.

Die Schalotten schälen und fein würfeln. Aus Distelöl, weißem Crèma di Balsamico-Essig, Schalottenwürfel, Maldon-Salz und Pfeffer eine Marinade herstellen. Die Tomaten waschen, abtrocknen, den Stiel entfernen und in gefällige Stücke schneiden.
Die gegarten Artischockenblätter, die Artischockenböden und Tomatenstücke marinieren. Etwas Marinade zum Nappieren‡ zurückhalten.

Butter in einer Pfanne zerlaufen lassen, die Powerade-Artischockenstücke zugeben und langsam sautieren‡, bis sie gar und goldgelb sind, ca. 4 bis 6 Minuten.

TIPP: *Wenn die Butter langsam braun wird, hat sie die idealeTemperatur zum Anbraten der Artischocken und ein nussiges Aroma.*

ANRICHTEN:
Das gebratene Artischockengemüse und die gegarten Artischockenböden auf die Teller verteilen.

Mit marinierten bunten Tomaten und Artischockenblättern anrichten.

Den Burrata auf die Artischockenböden geben, aufschneiden und die Vorspeise mit der Distelöl-Marinade nappieren‡.

CARDY-SUPPE
MIT GRÜNEM KRÄUTERÖL

Den Staudensellerie waschen und abtropfen.
Von den gelb-grünen Blättern 12 Bouquets und von den zartesten, grünen Stielen 120 g für die Einlage zurückhalten.

Die grünen Staudenselleriestiele schräg in sehr dünne Scheiben schneiden.

Die Schalotten schälen und in feine Scheiben schneiden.
Die Reststücke des Staudenselleries, ca. 250 bis 300 g, in mittelfeine Stücke schneiden.
Die Butter im Topf zerlaufen lassen, die Schalotten anschwitzen, mit Weißwein ablöschen und reduzieren lassen.
Den Staudensellerie zugeben und mit Geflügelfond auffüllen.
Alles aufkochen, abdecken und ca. 10 Minuten bei mittlerer Hitze garen.

Die Suppe in einen Mixer geben und fein pürieren.
Die Milch hinzugeben und mit Salz und Pfeffer abschmecken.

ANRICHTEN:
Die Staudenselleriescheiben kurz in Butter anziehen⚓, würzen und durchschwenken. Anschließend auf vorgewärmte Teller geben.
Die zarten, grünen, rohen Selleriestiele hinzugeben.
Mit der geschäumten Cardy-Suppe auffüllen und mit Kräuteröl und Staudensellerie-Bouquets anrichten.

TIPP: *Wenn die Staudenselleriestiele ganz fein schräg geschnitten werden, können diese auch roh in die Suppe gegeben werden.*

GRÜNES KRÄUTERÖL:
Petersilie und Spinat mit dem Öl fein mixen und durch ein sehr feines Sieb passieren. Mit Essig, Salz und Pfeffer abschmecken.

REZEPT FÜR 4 PERSONEN

CARDY-SUPPE
1/2 Staude engl. Sellerie (400 g) Staudensellerie
600 ml Geflügelfond
150 ml Bio-Vollmilch
60 g Schalotten
80 g Bio-Butter
100 ml Weißwein

EINLAGE
120 g roher Staudensellerie

GARNITUR
12 Sellerie-Bouquets
10 g grünes Kräuteröl

GRÜNES KRÄUTERÖL
10 g Petersilie
5 g Bio-Spinat
30 g Bio-Sonnenblumenöl
etwas Bio-Essig

LEOS STUBENKÜKEN
MIT KOPFSALAT UND GRANATAPFEL-JOGHURT

Die Stubenküken auslösen:
Brust und Keulen abtrennen. Die Haut abziehen, die Oberschenkelknochen von den Keulen entfernen, die Unterschenkelknochen in Richtung Fuß sauber putzen.
Die Flügelknochen von der Brust freilegen.
Damit die Kükenschenkel eine schöne Form bekommen, diese an der Stelle der Oberschenkelknochen mit einem Zahnstocher fixieren.

Die Stubenkükenteile würzen, mehlieren, gut abklopfen, durch das geschlagene Ei ziehen und mit Pankomehl panieren.
Das Bratfett in eine mittelhohe Kasserolle geben, auf 170°C erhitzen und die Kükenteile goldgelb ausbacken.

TIPP: *Da die Keulen die doppelte Ausbackzeit benötigen, am besten zuerst die Brüste backen.*
TIPP: *Wenn kein Pankomehl vorhanden ist, Mie de pain verwenden. (Toastbrot ohne Rinde grob würfeln und im Cutter grob hacken).*

Den Kopfsalat von den äußeren Blättern befreien, putzen, waschen und abtropfen lassen. Dann sechsteln und die Spitze des Strunks abschneiden.
Den Granatapfel öffnen und die Kerne in eine Schüssel geben.
Den Saft mit dem Granatapfelsirup verkochen und in diesem Sud die Granatapfelkerne marinieren.

Die Zitrone halbieren und auspressen.
Den Joghurt in eine Schüssel geben.
Den Löwenzahnhonig, Zitronensaft und etwas Granatapfelsirup zugeben.
Alles vermengen und mit Salz und Pfeffer abschmecken.

ANRICHTEN:
Den Kopfsalat sternförmig auf die Teller verteilen und die gebackenen Stubenkükenteile anlegen.
Mit dem Granatapfel-Joghurt-Dressing nappieren und zuletzt mit glacierten Granatapfelkernen dekorieren.

REZEPT FÜR 4 PERSONEN

STUBENKÜKEN
4 Stück Stubenküken
à 320 g
2 Bio-Eier Gr. S
20 g Mehl
50 g Pankomehl
oder
80 g geriebenes Weißbrot
(Mie de pain)
120 g Bio-Bratfett
Salz
Pfeffer aus der Mühle

KOPFSALAT MIT GRANATAPFEL-JOGHURT
2 Kopfsalat à 250 g
250 g Bio-Vollmilch-Joghurt
50 g Bio-Vollmilch
oder Bio-Sahne
1 Bio-Zitrone
30 g Löwenzahnhonig
1 Granatapfel
60 ml Granatapfelsirup
Salz
Pfeffer aus der Mühle

GARNITUR
Marinierte Granatapfelkerne

HAPAG

An Bord der „New York"
Dienstag, den 17. März 1931

Abschiedsessen

Legierte Spargelsuppe

Gedämpfte Zanderschnitte
in Moselwein
Kartoffeln

Gebratene Long Island Ente
Rotkohl
Röstkartoffeln

Kirschenkompott

Erdbeer-Eis
Waffeln

Frucht Kaffee

Farewell Dinner

Cream of Asparagus

Braised Fillet of Perch Pike
in Moselle Wine
Potatoes

Roast Long Island Duck
Red Cabbage
Roasted Potatoes

Compote of Cherries

Strawberry Ice Cream
Wafers

Fruit Coffee

ABSCHIEDSESSEN AN BORD DER »NEW YORK«, 17. MÄRZ 1931

Das Abschiedsessen unserer kulinarischen Kreuzfahrt führt uns zum Passagierliner »New York«.
Die HAPAG stellte von 1923 bis 1927 die vier großen Passagierschiffe der Albert-Ballin-Klasse in Dienst: »Albert Ballin«, »Deutschland«, »Hamburg« und »New York«. Sie wurden auf der Nordatlantik-Route eingesetzt. Die »New York« begab sich als erstes Schiff der Albert-Ballin-Klasse auch auf Kreuzfahrt.

Ob die Reisenden von A nach B unterwegs waren oder die Reise zum Vergnügen antraten – ein kleines Souvenir als Andenken an die Zeit an Bord war begehrt. Schon seit den ersten Kreuzfahrten erhielten Passagiere kleine Erinnerungsstücke, die entweder erworben werden konnten oder als kleine Präsente verteilt wurden. Diese Souvenirs waren zum Beispiel Silberdöschen mit rückseitiger Gravur, erinnernd an die jeweilige Reise, kleine Taschenkalender (Seite 55) geprägte Löffel mit Schiffsporträts oder kleine Parfumflakons wie jene der »New York«.

Für mich als Autorin sind die Highlights der Souvenirs jedoch die Speisekarten, die mich zu diesem Buch inspiriert haben. Heinz O. Wehmann serviert als Abschiedsessen einen besonderen Höhepunkt aus dem »Landhaus Scherrer« in Hamburg – seine berühmte »Krosse Vierländer Ente«, die seit über 30 Jahren seine Gäste begeistert.

GEBRATENES PLÖNER ZANDERFILET
AUF SAUTIERTEM PAKSOI-GEMÜSE MIT WEISSER SENFSAUCE

Die halbe Zitrone auspressen.
Das Zanderfilet in 4 gleiche Portionen schneiden und mit Zitronensaft, Salz und Pfeffer marinieren.
Abtropfen und in Sonnenblumenöl von beiden Seiten ca. 2 bis 3 Minuten gar und auf der Hautseite kross braten.
Zuerst mit höherer Temperatur anbraten, dann die Temperatur reduzieren.

Die Schalotten schälen und fein würfeln. Das Paksoi-Gemüse putzen, waschen und abtropfen. Je nach Größe ganz lassen, halbieren oder vierteln. Butter in einer Pfanne zerlaufen lassen, den Paksoi zugeben und das Ganze kurz sautieren⚓ und fertig garen.
Zum Schluss die Schalottenwürfel zugeben, mit Salz, Muskatnuss und Pfeffer würzen.

Die Schalotten schälen, fein würfeln und in Butter anschwitzen.
Mit Riesling-Sekt ablöschen und reduzieren lassen.
Fischfond zugeben, zur Hälfte reduzieren, mit der Sahne auffüllen und anschließend aufkochen. Dann den Senf hinzugeben, kurz erhitzen und mit dem Pürierstab mixen.

Zum Schluss die geschlagene Sahne unterheben, damit die Sauce marmoriert ist.

TIPP: *Nachdem der Senf zugegeben wurde, nicht mehr aufkochen, da der Senf dadurch seine feinen Aromen verliert.*

ANRICHTEN:
Das sautierte Paksoi-Gemüse auf die vorgewärmten Teller verteilen. Den gebratenen Zander anrichten und mit weißer Senfsauce beträufeln. Mit den marinierten Senfkörnern garnieren.

WEHMANNS MARINIERTE SENFKÖRNER:
Die Senfkörner in der Pfanne leicht rösten und mit dem Grundfond auffüllen. Die Masse aufkochen, abkühlen lassen und in Twist-off-Gläser füllen.
Anschließend 1 bis 2 Tage ziehen lassen.
Gekühlt sind die marinierten Senfkörner 4 bis 6 Wochen haltbar.

GRUNDFOND:
Alle Zutaten aufkochen.
Den Fond abkühlen lassen und Gewürze entfernen.

TIPP: *Marinierte Senfkörner passen gut zu heiß geräuchertem oder gedämpften Fisch mit weißer Sauce.*
Sie sind eine schöne Ergänzung zu marinierten Salaten und eignen sich als Einlage für eine Vinaigrette.

REZEPT FÜR 4 PERSONEN

ZANDERFILET
400 g Zanderfilet
1/2 Bio-Zitrone
50 g Bio-Sonnenblumenöl
Salz
Pfeffer aus der Mühle

PAKSOI-GEMÜSE
400 g Paksoi
alternativ: Mangold
40 g Bio-Butter
1 Schalotte
etwas geriebene Muskatnuss
Salz
Pfeffer aus der Mühle

WEISSE SENFSAUCE
300 ml Fischfond
250 ml Riesling-Sekt
1 Schalotte
1 EL Bio-Butter
300 ml Bio-Sahne
1 EL Senf scharf
2 EL geschlagene Bio-Sahne

GARNITUR
4 EL marinierte Senfkörner

100g helle Senfkörner

GRUNDFOND
50 ml Weißweinessig
50 ml Wasser
50 g Zucker
1 Lorbeerblatt
2 g Pimentkörner
2 g Wachholderbeeren
2 Nelken
1/8 Chilischote
5 g Ingwer

WEHMANNS KROSSE VIERLÄNDER ENTE
MIT DEMETER-ROTKOHL UND GRANATAPFELKOMPOTT

Den Ofen vorheizen und ein Backblech mit Wasser in den Ofen stellen. Ein Bratgitter darüber stellen und die Enten darauf platzieren. Vorher die beiden Enten dressieren⚓, leicht einstechen, würzen und im Ofen bei 210° C ca. 70 bis 80 Minuten kross braten.

TRAUBENMOSTSAUCE:
Die Schalotten schälen, fein würfeln und in Butter anschwitzen. Mit Portwein ablöschen und solange reduzieren, bis dieser sirupartig wird. Dann den Traubenmost zugeben und auch diesen um ein Drittel reduzieren lassen.
Zuletzt die Sauce mit Salz, Pfeffer und etwas Essig abschmecken.

TIPP: *Wenn keine Geflügeljus vorhanden, kann mit der Traubenmostsauce eine schnelle Alternative »gezaubert« werden.*

KLASSISCHE SAUCE:
Das Entenklein anbraten, Röstgemüse hinzugeben und mit Tomatenmark anrösten. Kräuter hinzugeben und in kurzen Abständen immer wieder mit Weißwein ablöschen. Das Ganze in einen schlanken, hohen Topf geben (damit so wenig Flüssigkeit wie möglich benötigt wird) und mit Wasser auffüllen. Ca. 4 bis 5 Std. mild köcheln lassen. Den Fond durch ein Passiertuch gießen, mit der Sahne auffüllen und alles auf 200 ml reduzieren lassen.
Zum Schluss den Cueben-Bio-Pfeffer zugeben.

Rotkohl in feine Scheiben schneiden. Zwiebeln in Würfel schneiden. Lorbeerblatt, Pfefferkörner und Wacholderbeeren in einen Gewürzbeutel geben. Stärkemehl mit etwas Wasser anrühren.
Den geschnittenen Rotkohl mit Essig, Zucker, Salz und Pfeffer marinieren.
Zwiebeln in etwas Sonnenblumenöl anschwitzen, Rotkohl, etwas Wasser und Gewürzbeutel zugeben.
Das Ganze ca. 1 bis 1 ½ Stunden langsam gar kochen.
Den Rotkohlfond mit etwas Stärkemehl abbinden.

TIPP: *Den Rotkohl einige Tage vorher marinieren.*

Die Kirschen entkernen, ohne den Stiel zu beschädigen.
Die Butter in einer Sauteuse⚓ erhitzen und die Kirschen mit etwas Zucker darin glacieren⚓. Dann mit Kirschlikör ablöschen und Kirschgelee zugeben. Aufkochen lassen und warmstellen.

Die Äpfel schälen, entkernen und in 5 mm große Würfel schneiden. Die Apfelwürfel mit etwas Wasser, Honig und einem Teil des Grenadinesirups gar dämpfen.
Zuletzt den restlichen Grenadinesirup zugeben.
Aus dem Kompott kleine Nocken formen.

TIPP: *Die Äpfel können auch grob gehobelt oder in Streifen geschnitten werden.*

ANRICHTEN:
Die Ente mit Traubenmostsauce auf einem vorgewärmten Teller anrichten. Rotkohl und glacierte Kirschen mit Nocken vom Granatapfelkompott können auch jeweils separat dazu angerichtet werden.

REZEPT FÜR 4 PERSONEN

2 Vierländer Enten a 2,2 bis 2,4 kg (oder regionale Bauernenten)
Salz
Pfeffer aus der Mühle

TRAUBENMOSTSAUCE
150 ml Bio-Mosto-Cotto Traubenmost
200 ml Portwein
40 g Bio-Butter
40 g Schalotten
1 EL Weißweinessig

Alternativ:
KLASSISCHE SAUCE
500 g Entenklein
50 g Röstgemüse (Möhre, Sellerieknolle, Lauch, Petersilienwurzel in kleinen Würfeln)
1 TL Bio-Tomatenmark
100 ml Weißwein
200 ml Bio-Sahne
1/2 TL Cueben Bio-Pfeffer
etwas Salbei, Lorbeer, Pfefferkörner

VEGANER DEMETER-ROTKOHL
1 kg Demeter-Rotkohl
1 EL Bio-Sonnenblumenöl
150 g Zwiebeln
10 g Salz
150 ml Weißweinessig
150 g Zucker
4 Wacholderbeeren
10 Pfefferkörner
1/2 Lorbeerblatt
etwas Weizenstärkemehl

GLACIERTE KIRSCHEN
20 Kirschen mit Stiel
30 g Kirschgelee
60 ml Kirschlikör
10 g Bio-Butter
10 g Zucker

GRANATAPFELKOMPOTT
3 mittlere Bio-Äpfel (z. B. Elise, Finkenwerder Herbstprinz, Elstar)
1 EL Honig
100 g Grenadinesirup

HASELNUSSWAFFELN
MIT PISTAZIENEIS, ORIGINAL BEANS SCHOKOLADENSORBET UND VANILLEEIS

Die Eier mit dem Zucker schaumig schlagen. Den Haselnussgrieß, das gesiebte Mehl und Backpulver vermengen.
Dann nach und nach die Milch zugeben. Zuletzt die flüssige Butter unterrühren.
Den Teig auf ein Belgisches Waffeleisen geben und ausbacken.

TIPP: *Die Butter nur leicht anwärmen, sonst gerinnt der Waffelteig.*

Die Schokolade im Wasserbad auflösen. Alle anderen Zutaten zusammen aufkochen. Dann die geschmolzene Schokolade unterrühren. Diese Masse abkühlen lassen und in der Eismaschine frieren.

TIPP: *Wenn eine Schokolade mit 80 % Kakaoanteil verwendet wird, sollte die Schokoladenmenge etwas reduziert werden, da sonst die Masse zu bitter wird.*

Die Vanilleschote halbieren, auskratzen und in die Sahne geben.
Die Eigelbe mit dem Zucker aufschlagen.
Die Sahne aufkochen und langsam durch ein Sieb unter die Eigelbe verrühren. Es soll eine Temperatur von 78 °C erreicht werden.
Diese Masse abkühlen lassen und in der Eismaschine frieren.

Die Eigelbe mit dem Zucker aufschlagen. Die Sahne aufkochen und langsam unter die Eigelbe verrühren.
Es soll eine Temperatur von 78° C erreicht werden.
Diese Masse abkühlen lassen, das Pistazienpüree dazugeben und in der Eismaschine frieren.

TIPP: *Das Eis kann nach der Zubereitung bis zum Servieren im Gefrierfach aufbewahrt werden.*

ANRICHTEN:
Waffeln auf Teller anrichten. Die drei Eissorten als Nocken hinzugeben und mit Honigkresse, geraspelter Schokolade und gehackten Pistazienkernen garnieren.

REZEPT FÜR
4 BIS 5 WAFFELN

3 Bio-Eier Gr. M
50 g Zucker
50 g Haselnussgrieß
150 g Mehl
1 g Backpulver
150 g Bio-Vollmilch
125 g Bio-Butter

SCHOKOLADENSORBET
125 ml stilles Mineralwasser
25 g Kakao
40 g Zucker
15 g Glucose-Sirup
65 g Schokolade Original Beans Kakaoanteil 65 %-72 %
(bei Kakaoanteil 80 % 50 g)

VANILLEEIS
1/4 Vanilleschote
200 ml Bio-Sahne
3 Bio-Eigelbe
60 g Zucker

PISTAZIENEIS
3 Bio-Eigelbe
60 g Zucker
200 ml Bio-Sahne
40 g Pistazienpüree

GARNITUR
1 Lage Honigkresse
geraspelte Schokolade
gehackte Pistazienkerne

KLEINE KOCHKUNDE

ABLÖSCHEN – *beim Ablöschen wird Flüssigkeit wie Wasser, Wein oder Brühe in das heiße Gargut gegeben und löst dabei den aromatischen Bratsatz vom Boden. Damit wird die Basis für eine gute Sauce geschaffen.*

ANGEHEN LASSEN – *Nahrungsmittel werden unter Zugabe von Öl oder Fett leicht erhitzt und sollen dabei keine Farbe annehmen.*

ANZIEHEN - *ist ein Synonym für Anschwitzen und bedeutet ein leichtes Erhitzen / Dünsten von Lebensmitteln, die dadurch bissfest bleiben und nicht bräunen sollen. Das Gargut soll dabei möglichst gewendet werden.*

AUFDRESSIEREN – *das Aufspritzen der Verzierung bei Backwerk mit Sahne, Pasten, oder Cremes, mit Hilfe von Spritzbeuteln, wird als »aufdressieren« bezeichnet.*

BLANCHIEREN – *bedeutet Lebensmittel kurzzeitig in kochendes Wasser zu geben. Schreckt man das Gargut anschließend in Eiswasser ab, behält es gut seine Farbe.*

DRESSIEREN – *ist das Formen von Speisen. Bei ganzem Geflügel sollen abstehende Teile nicht zu schnell bräunen und werden deshalb vor dem Braten z. B. mit Küchengarn oder Dressiernadeln nah an den Körper gebunden.*

DEGRAISSIEREN – *nennt man das Entfetten von Suppen, Brühen und Saucen. Dies kann mit einer Schöpfkelle erfolgen oder indem das erkaltete Fett von der Oberfläche abgehoben wird.*

FILETIEREN – *bedeutet ungewünschte oder ungenießbare Partien von Lebensmitteln zu entfernen. Bei Fisch beispielsweise das Herauslösen der Gräten und Haut. Bei Zitrusfrüchten das Entfernen der Schale und der Haut.*

GLACIEREN – *ist das Überziehen oder Überglänzen von Lebensmitteln z. B. mit gebräuntem Zucker, Fett, Brühe oder Glasuren.*

NAPPIEREN – *ist die Bezeichnung für das Überziehen von Speisen mit Saucen. Dabei wird die Sauce kurz vor dem Servieren auf bzw. an die Speise gegeben und soll diese zum großen Teil bedecken.*

SAUTIEREN – *ist eine Form des Kurzbratens bei hoher Temperatur in einer gefetteten Sauteuse. Dabei soll das Gargut die Hitze schnell aufnehmen und wird durch Schwenken gewendet.*
Flüssigkeit wird hierbei nicht zugegeben.

SAUTEUSE – *ist das französische Synonym für eine Schwenk- bzw. Schmorpfanne. Sie hat meistens einen nach außen gebogenen, hohen Rand und wird verwendet, um Kurzgebratenes zu bereiten.*

TOURNIEREN – *nennt man das in Form schneiden von Lebensmitteln z. B. von Gemüse und Obst für die Dekoration / Garnierung von Gerichten. Dabei werden besondere Tournier-, Schälmesser und Ausstecher verwendet.*

TRANCHIEREN – *ist das korrekte Zerlegen von Fleisch, Fisch, Geflügel, Obst und Gemüse.*

HERSTELLERNACHWEIS

KPM
KURLAND Blanc Nouveau

Koch & Bergfeld
Spaten
Dessertlöffel

Rotter
Kristallkaraffe N°018
Kugelbecher (aqua)

KPM
KURLAND Blanc Nouveau

Koch & Bergfeld
Spaten
Fischgabel, Fischmesser,
Tafelgabel, Tafelmesser

Rotter
Kristallglas N°129
Fischschwarm (klar)

KPM
KURLAND Blanc Nouveau

Koch & Bergfeld
Spaten
Tafelgabel, Tafelmesser

Rotter
Kristallglas N°129
Fischschwarm (klar)
Kristallglas N°128
Fische (aqua)

KPM
KURLAND durchbrochen

Koch & Bergfeld
Spaten
Dessertlöffel, Dessertgabel

Rotter
Kristallglas
(aqua)

KPM
URBINO Canto

Koch & Bergfeld
Belle Epoque
Austerngabel

Rotter
Kristallkaraffe N°104
Snake (klar)
Kristallglas N°034
Oval (blau)

KPM
BERLIN, Dekor Canto

Koch & Bergfeld
Belle Epoque Hammerschlag
Kaviarschaufel

Rotter
Kristallglas N°016 Kegel (blau)
Kristallglas N°049 Streifen (blau)
Kristallglas N°112 Alius (blau)
Kristallglas N°034 Oval (blau)

KPM
BERLIN, Dekor Canto

Koch & Bergfeld
Belle Epoque Hammerschlag
Dessertgabel, Dessertmesser

Rotter
Kristallglas N°052
Wellen (aqua)
Kristallglas N°052
Wellen (blau)

KPM
BERLIN, Dekor Canto

Koch & Bergfeld
Belle Epoque Hammerschlag
Eislöffel

Rotter
Kristallglas N°006
Aufsteiger (blau)
Kristallglas N°103
Lineal (blau)

KPM
BERLIN mit Platinrand

Koch & Bergfeld
Neufaden
Dessertlöffel, Dessertgabel,
Dessertmesser

Rotter
Kristallschale N°121
Circuli (reseda)

KPM
BERLIN mit Platinrand

Koch & Bergfeld
Neufaden
Dessertgabel, Dessertmesser

Rotter
Kristallglas N°017
Schweif (reseda)
Kristallglas N°052
Wellen (reseda)

KPM
BERLIN mit Platinrand

Koch & Bergfeld
Neufaden
Tafelgabel, Tafelmesser

Rotter
Kristallglas N°103
Lineal (reseda)
Kristallglas N°112
Alius (reseda)

KPM
ARKADIA, Dekor Artima

Koch & Bergfeld
Belle Epoque
Kaffeelöffel

Rotter
Kristallglas N°016
Kegel (klar)

KPM
ARKADIA, Dekor Artima

Koch & Bergfeld
Belle Epoque
Dessertlöffel

KPM
ARKADIA, Dekor Artima

Koch & Bergfeld
Belle Epoque
Kaffeelöffel

Rotter
Kristallglas N°006
Aufsteiger (klar)
Kristallglas N°007
Augen (amber)

KPM
ARKADIA

Koch & Bergfeld
Belle Epoque
Dessertlöffel, Dessertgabel,
Serviettenring

Rotter
Kristallglas N°006
Aufsteiger (klar)

KPM
ARKADIA

Koch & Bergfeld
Belle Epoque
Tafelgabel, Tafelmesser

Rotter
Kristallglas N°007 Augen (klar)
Kristallglas N°112 Alius (klar)
Kristallglas N°006 Aufsteiger (klar)

KPM
ARKADIA

Koch & Bergfeld
Belle Epoque
Tafelgabel, Tafelmesser

Rotter
Kristallglas N°007
Augen (klar)
Kristallglas N°112
Alius (klar)

Koch & Bergfeld
Silberschale Koch & Bergfeld

Rotter
Kristallglas N°016
Kegel (klar)
Kristallglas N°007
Augen (klar)
Kristallglas N°112
Alius (klar)

KPM
URANIA mit Platinrand

Koch & Bergfeld
Neufaden
Dessertlöffel

Rotter
Kristallglas N°103
Lineal (rubin)
Kristallglas N°112
Alius (rubin)

KPM
URANIA mit Platinrand

Koch & Bergfeld
Neufaden
Tafelgabel, Tafelmesser

Rotter
Kristallglas N°007
Augen (rosé)

KPM
URANIA mit Platinrand

Koch & Bergfeld
Neufaden
Tafelgabel, Tafelmesser

Rotter
Kristallglas N°006
Aufsteiger (rosé)
Kristallglas N°006
Aufsteiger (klar)

KPM
URANIA mit Platinrand

Koch & Bergfeld
Neufaden
Kaffeelöffel, Kuchengabel

Rotter
Kristallglas N°034
Oval (klar)

KPM
KURLAND Blanc Nouveau

Koch & Bergfeld
Belle Epoque
Tafelgabel, Tafelmesser

Rotter
Kristallkaraffe N°104
Snake (klar)
Kristallglas (klar)
Kristallglas N°129
Fischschwarm (smoke)

KPM
KURLAND Blanc Nouveau

Koch & Bergfeld
Belle Epoque
Dessertgabel

Rotter
Kristallglas N°129
Fischschwarm (smoke)

KPM
KURLAND Blanc Nouveau

Koch & Bergfeld
Belle Epoque
Dessertlöffel, Dessertgabel

Rotter
Kristallglas N°129
Fischschwarm (smoke)

KPM
URBINO

Koch & Bergfeld
Spaten
Fischgabel, Fischmesser

Rotter
Kristallglas N°052 Wellen
Kristallschale N°121 Circuli
Kristallglas N°103 Lineal
(alle reseda)

KPM
URBINO

Koch & Bergfeld
Spaten
Tafelgabel, Tafelmesser,
Serviettenring rund

Rotter
Kristallglas N°052
Wellen (amber)

KPM
URBINO

Koch & Bergfeld
Spaten
Käsemesser franz. Klinge,
Dessertgabel

Rotter
Kristallglas N°103
Lineal (rubin)

KPM
URBINO

Koch & Bergfeld
Spaten
Dessertgabel, Dessertmesser

Rotter
Kristallkaraffe N°104 Snake
(klar)
Kristallglas N°112 Alius
Kristallglas N°007 Augen
(N°112 und N°007 blau)

KPM
KURLAND Blanc Nouveau

Koch & Bergfeld
Belle Epoque
Dessertlöffel, Dessertgabel,
kleiner Löffel

Rotter
Kristallglas N°129
Fischschwarm (klar)

KPM
KURLAND und
KURLAND Blanc Nouveau

Koch & Bergfeld
Belle Epoque
Tafelgabel, Tafelmesser

Rotter
Kristallglas N°129 Fischschwarm
Kristallschale N°128 Fische
(beide aqua)

KPM
KURLAND

Koch & Bergfeld
Belle Epoque
Austerngabel

Rotter
Kristallglas N°128
Fische (reseda)

KPM
ARKADIA, Dekor Artima

Koch & Bergfeld
Spaten
Tafelgabel, Tafelmesser

Rotter
Kristallglas N°017
Schweif (klar)

KPM
ARKADIA und
ARKADIA, Dekor Artima

Koch & Bergfeld
Spaten
Tranchierbesteck

KPM
ARKADIA

Koch & Bergfeld
Spaten
Kaffeelöffel

KPM
BERLIN

Koch & Bergfeld
Belle Epoque Hammerschlag
Kaviarmesser, Kaviarschaufel

Rotter
Kristallglas (klar)

KPM
BERLIN und LAB

Koch & Bergfeld
Perl
Fischgabel, Fischmesser

Rotter
Kristallglas N°052
Wellen (klar)

KPM
LAB Bulb und
BERLIN

Koch & Bergfeld
Neufaden
Tafelgabel, Tafelmesser

Rotter
Kristallglas N°006
(klar)

KPM
BERLIN mit Platinrand

Koch & Bergfeld
Perl
Dessertgabel, Dessertmesser

KPM
BERLIN, Dekor Canto

Koch & Bergfeld
Perl
Dessertlöffel, kleiner Löffel

Rotter
Kristallglas N°052
Wellen (smoke)
Kristallglas N°103
Lineal (smoke)

KPM
BERLIN, Dekor Canto

Koch & Bergfeld
Perl
Tafelgabel, Tafelmesser

Rotter
Kristallglas N°006
Aufsteiger (blau)

KPM
URBINO und
URBINO Multicolore

Koch & Bergfeld
Belle Epoque Hammerschlag
Fischgabel, Fischmesser

Rotter
Kristallschale N°025 Nemo
Kristallglas N°052 Wellen
(N°025 und N°052 aqua)
Kristallglas (klar)

KPM
URBINO und
URBINO Multicolore

Koch & Bergfeld
Belle Epoque Hammschlag
Tafelgabel, Tafelmesser

Rotter
Kristallglas N°129
Fischschwarm (klar)

KPM
URBINO und
URBINO Multicolore

Koch & Bergfeld
Belle Epoque Hammerschlag
Kuchengabel, Eislöffel

Rotter
Kristallglas N°112
Alius (violett)

KPM
URBINO

Koch & Bergfeld
Belle Epoque Hammschlag
Kaffeelöffel

Rotter
Kristallglas (klar)
Kristallglas N°010
Breite Spulen (klar)
Kristallschale N°112 Alius (klar)

Tischwäsche ist von: Beirholms Væverier A/S, Dänemark

privat:
S. 91, 158, 160, 162, 168, 170, 172

BIRGIT ALTENDEITERING-TIGGEMANN

Die Diplom-Mode-Designerin, aufgewachsen in Wietmarschen in der Grafschaft Bentheim, lebt und arbeitet seit 30 Jahren in der Hansestadt Hamburg.

Mit ihrem Unternehmen CorporateDesignConcept GmbH berät und betreut sie namhafte Firmen im Bereich Corporate Fashion und setzt dabei den Schwerpunkt auf Design, Produktentwicklung und Marketing.

Sie beschäftigt sich mit Trends und Lifestyle Themen. Die Entwicklung der Genusswelten rund um die Sterneküche und das Thema Historisches mit Zeitgenössischem zu vereinen, haben sie zu diesem Buch inspiriert.

MICHAEL HOLZ

hat seit vielen Jahren ein Fotostudio im Stadtteil St. Pauli.

Die Schwerpunkte seiner Arbeit für Magazine, Verlage, Werbe- und Designagenturen haben immer wieder gewechselt. Nach People, Beauty und Portraits konzentriert er sich heute auf Foodfotografie in vielen Formen.

Durch diese Vielfalt hat er einen ganz besonderen Zugang zu Sterne-Köchen, Weltklasse-Winzern, Bauern und Gourmets, die sowohl seine Fotomodelle als auch Auftraggeber sind.

BILDNACHWEIS

INTERNATIONALES MARITIMES MUSEUM HAMBURG
Exponate (Fotos Michael Holz)
S. 20, 21, 28, 31, 32, 33, 42, 45, 54, 55, 56, 57, 66, 76, 77, 90, 91, 92, 94, 96, 98, 99, 108, 110, 111, 112, 120, 121, 122, 123, 132, 135, 136, 137, 146, 147, 150, 152, 154, 155, 164, 166, 167, 178, 180, 181, 188, 189, Speisekarte Titel.
Bildarchiv
S. 9, 43, 44, 64, 65, 66, 67, 74, 75, 77, 93, 95, 109, 121, 133, 134, 153, 165, 179, 189

JÜRGEN MÜLLER, HAMBURG
S. 29, 30, 31 oben rechts

SCHLESWIG-HOLSTEINISCHE LANDESBIBLIOTHEK, KIEL
S. 31 unten

KOCH & BERGFELD, BREMEN
S. 148, 149, 151

S. 97 Hamburg-Amerikanische Packetfahrt-Actien-Gesellschaft [Hrsg.] / Julius Gipkens [Ill.], Turbinen-Schnelldampfer Imperator, Hamburg 1913 sowie Hamburg-American Line [Hrsg.], Imperator, New York 1913

Alle weiteren Fotos
MICHAEL HOLZ, HAMBURG

IMPRESSUM

Text: Birgit Altendeitering-Tiggemann
Fotos: Michael Holz
Gestaltung: Birgit Altendeitering-Tiggemann, Michael Holz, Marisa Tippe

Ein Gesamtverzeichnis der lieferbaren Titel schicken wir Ihnen gerne zu.
Bitte senden Sie eine E-Mail mit Ihrer Adresse an: vertrieb@koehler-books.de
Sie finden uns auch im Internet unter: www.koehler-books.de
Bibliografische Information der Deutschen Nationalbibliothek
Die Deutsche Nationalbibliothek verzeichnet diese Publikation in der Deutschen Nationalbibliografie; detaillierte bibliografische Daten sind im Inter net über http://dnb.d-nb.de abrufbar.
ISBN 978-3-7822-1266-3
Koehlers Verlagsgesellschaft, Hamburg
© 2016 by Koehler im Maximilian Verlag GmbH & Co. KG
Alle Rechte vorbehalten.
Druck und Bindung: DZS Grafik, Slowenien

Guten Appetit!